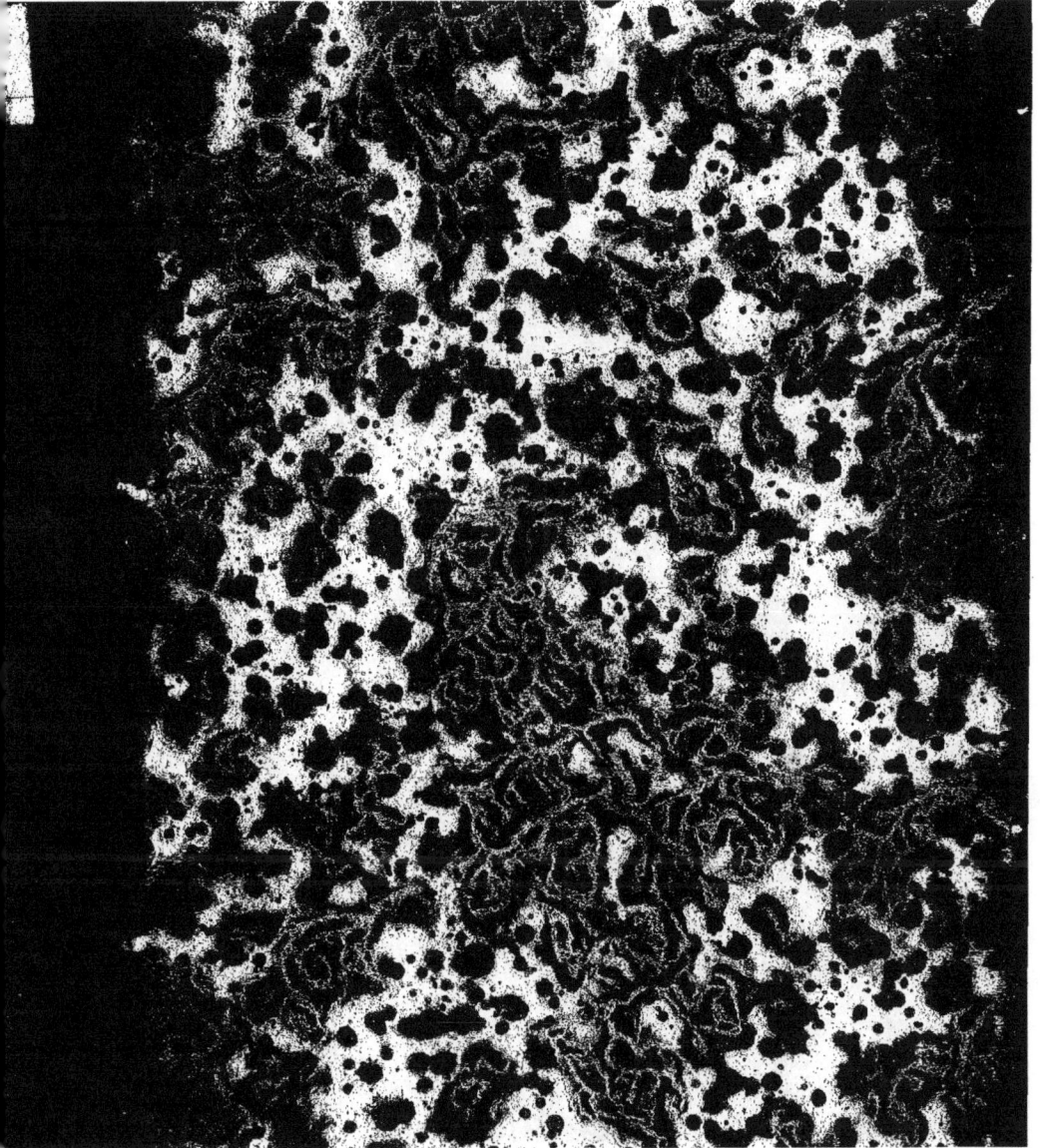

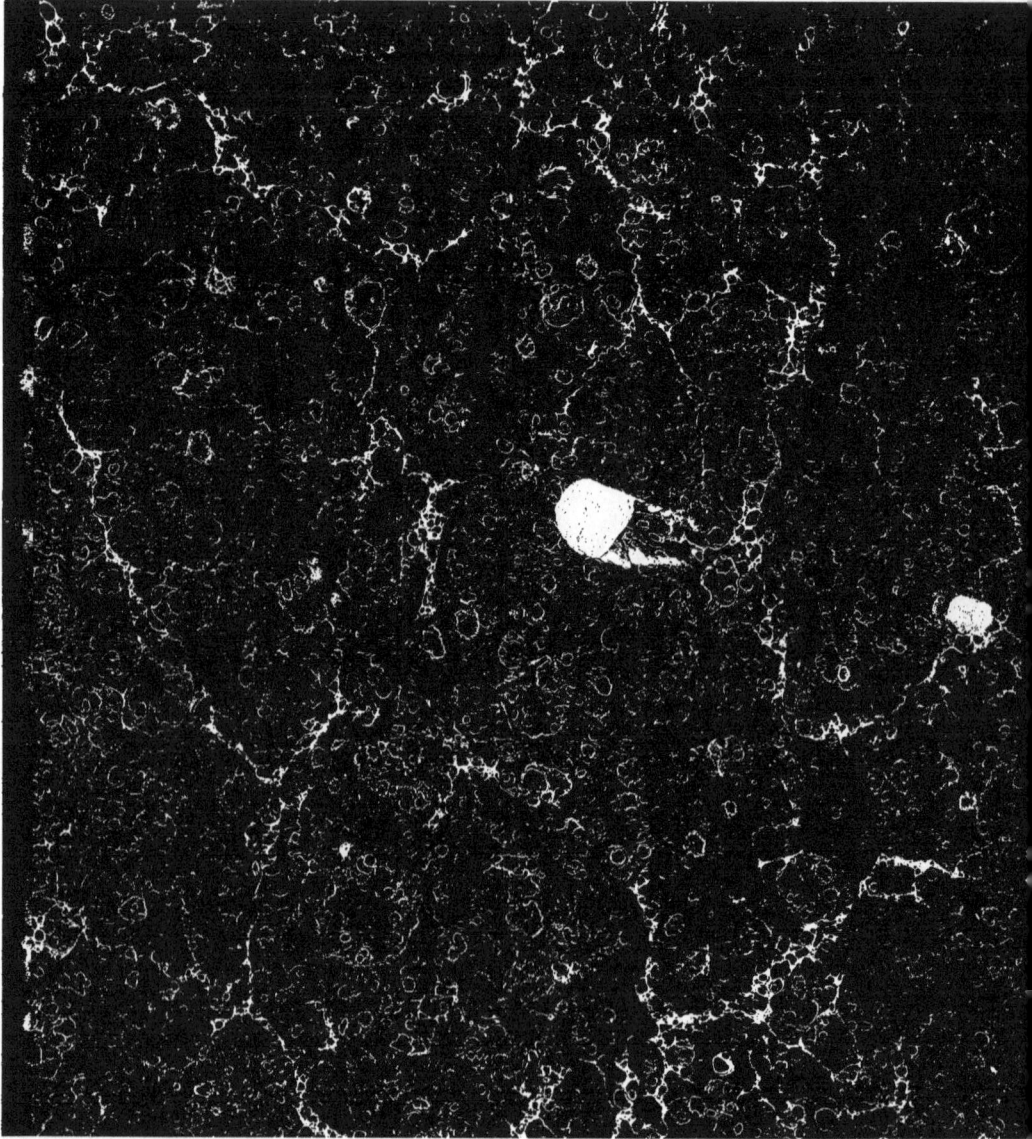

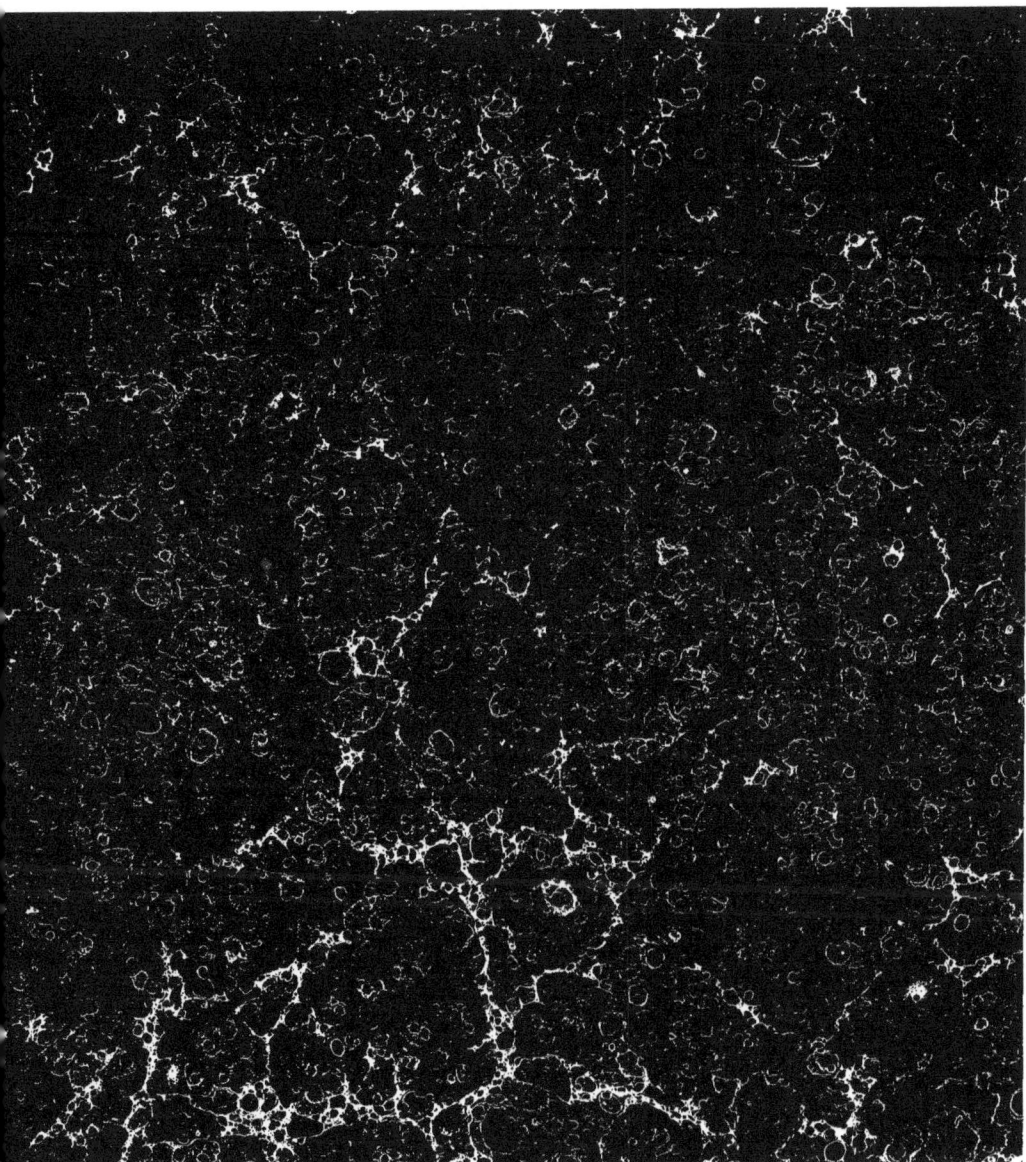

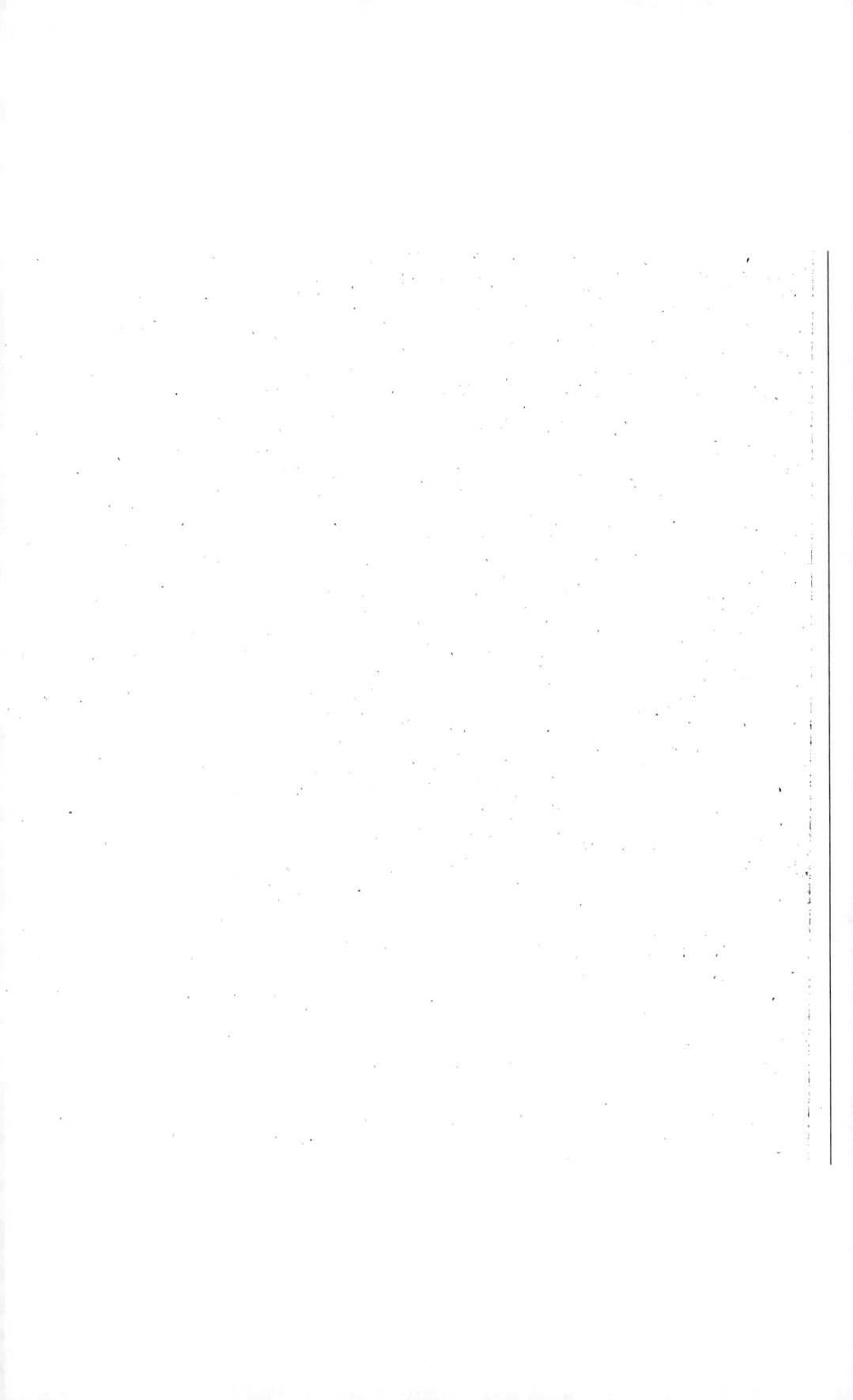

COLLECTION

DE MÉMOIRES

ET

DE PLANS

Relatifs au Port de Dieppe.

A DIEPPE:
De l'Imprimerie de JEAN-BAPTISTE-JOSEPH DUBUC,
Imprimeur du Roi, vis-à-vis la Place.

MDCCLXXXIX.

TABLE

Des Mémoires & des Plans contenus dans cette Collection.

AVERTISSEMENT.

Le 18 Novembre 1788, le Corps général de MM. les Juges-Confuls & Notables du Commerce de Dieppe, affemblé extraordinairement pour préfenter au Roi, une Adreffe relative à la future Convocation des États-Généraux, s'exprimoit ainfi, en parlant du Port de cette Ville :

« Les travaux que Votre Majefté y ordonne, ten- » dent à le rendre doublement recommandable » au-dehors, indépendamment de fes Pêches » fraîches & falées, qui ne cefferont de verfer dans » le fein du Royaume, une richeffe effentielle & » capitale. »

Le 6 Mars 1789, les Communes affemblées à l'Hôtel-de-Ville, firent inférer, à la pluralité des voix, dans le Cahier des *Doléances du Tiers-État*, cet article fur le même objet :

«Que la Commune de la Ville de Dieppe demande » que les *travaux* commencés pour l'ouverture » d'une nouvelle Paffe, foient *totalement & abfolu-* » *ment abandonnés*, pour ne s'occuper uniquement » & inceffamment, que des réparations à faire à la » Paffe actuelle. »

Il réfulte de ces faits, que ce que MM. de la Chambre du Commerce avoient jugé digne de leur approbation, le 18 Novembre dernier, les Députés des Communes l'ont regardé comme dangereux, le 6 Mars 1789. Les premiers, dans une Affemblée convoquée le 29 Avril fuivant, en la Jurifdiction Confulaire (*pour délibérer fur le parti à prendre pour la réparation à faire aux têtes des Jetées qui menacent ruine*), ont nommé des Commiffaires, à l'effet d'examiner les avantages & les défavantages du nouveau Port, & d'en rendre compte à une Affemblée pour ce convoquée.

La raifon demande fans doute qu'on éclaire le Public fur des travaux de la dernière importance pour Dieppe ; & la lumière doit être le réfultat d'une difcuffion libre, & faite par des hommes inftruits.

L'attaque s'eft engagée, & l'on a remis à MM. de la Chambre du Commerce, un Mémoire rendu public par la voie de l'impreffion, dans lequel on s'efforce de prouver que les travaux commencés au Port de Dieppe, depuis plus de dix ans, font dangereux, & que ce fera un gain de perdre les fommes confidérables qui y ont été déjà employées, pour fe borner à rétablir l'ancien Port.

Cette décifion ne peut qu'effrayer ceux des Habitants qui ne jugent de ces ouvrages, que fur parole, & leur faire croire qu'ils n'ont été entrepris que d'après les feules obfervations des Marins, que les Auteurs du Mémoire ont fait imprimer, & un Écrit fait par un particulier, lequel leur a été communiqué.

Le fait eft cependant qu'aucuns travaux de ce genre n'ont été arrêtés, après de plus mûres réflexions, après de plus grandes difcuffions : & perfonne n'en fera furpris, quand on faura que l'Infpecteur de la Généralité lui-même leur étoit abfolument oppofé ; qu'il a fallu difputer le terrain pied-à-pied ; qu'enfin ce n'a été qu'après la guerre la plus vive (qu'on nous paffe ce terme), que d'après le confentement unanime du Corps des Ponts & Chauffées, que fur l'avis des favants les plus diftingués, & l'approbation des perfonnes les plus habiles & les plus expérimentées du Corps Royal de la Marine, dont plufieurs font venues fur les lieux, que des cinq projets qui avoient été mis fur le Bureau, celui qu'on exécute actuellement, a été excluſivement adopté.

Des précautions qu'on a prifes pour s'affurer de la bonté du nouveau Projet.

On a pris, pour s'affurer de la bonté du nouveau projet, toutes les précautions qu'il a été poffible de prendre.

Les Officiers de Ville & les principaux Habitants, alarmés du mauvais état de leur Port, ont préfenté diverfes requêtes pour qu'on s'occupât de cet objet, & qu'on fît un projet qui pût les tranquillifer.

On a envoyé fur les lieux, un très-grand nombre d'Ingénieurs & d'hommes de l'art.

On a chargé des Ingénieurs très-inftruits, de faire ces projets; on les a examinés dans plufieurs Affemblées & Comités convoqués à cet effet; enfin, on a affemblé à Dieppe même, les Marins les plus expérimentés.

La première Affemblée du 10 Juin 1776, étoit compofée de MM. Perronet, de Voglie, Hüe, Chezy; de MM. le Chevalier d'Arcy, de Borda, & plufieurs autres: ils approuvèrent unanimement l'ouverture & le projet du nouveau Chenaˡ.

En 1779, on affembla les Marins de Dieppe les plus expérimentés, qui approuvèrent unanimement ce même projet. (1)

Le 2 Juillet 1779, on a envoyé ce projet à M. le Prince de Montbarey qui l'a fait examiner par les Officiers de Marine Royale, qui l'ont approuvé, notamment, M. de la Touche de Tréville.

Enfin, en 1787, temps où l'on a pu s'occuper de l'exécution de ce projet, on a fait des plans y relatifs, & un Mémoire très-détaillé, où l'on pèse tous les avantages de la nouvelle Paffe. Ce Mémoire a été lu, les plans ont été communiqués à l'Affemblée générale des Ponts & Chauffées, où il y avoit plus de quarante Ingénieurs, entr'autres, tous les Infpecteurs - Généraux, grand nombre d'Ingénieurs en chef, & de Sous - Ingénieurs. M. Peronnet étant alors malade, on tint un Comité particulier chez lui, pour avoir fon avis.

Ces Mémoires & ces plans furent encore lus & communiqués à un Comité chez M. le Duc d'Harcourt, où fe trouvèrent plufieurs Ingénieurs des Ponts & Chauffées, MM. le Chevalier de Borda & de Florieu, M. Légier & M. Lemonnier, Ingénieurs Militaires, M. de la Bretonnière, Officier de Marine, & le Commandant

---

(1) Voyez les obfervations fignées de vingt-deux Capitaines & Marins.

à Cherbourg; & le projet fut unanimement approuvé.

    Enfin, il a été communiqué à un grand nombre de Négociants & de Marins, dans différentes Affemblées: l'on ne s'eft déterminé à l'exécuter, qu'après avoir pris ainfi tous les renfeignements poffibles; & l'on peut affurer que, de tous les hommes qui n'ont aucun intérêt fur les lieux; il n'en eft pas un qui n'ait approuvé ce projet, non pas feulement comme une chofe qu'on pourroit exécuter, mais comme une chofe évidemment très-utile.

    Précis des avantages de la nouvelle Paffe.

    1°. La Paffe actuelle eft trop près de la Falaife du Pollet, de forte qu'un navire qui manque fon entrée, venant de la partie de l'Oueft, eft jeté fur les rochers, avant de pouvoir fe relever & courir un bord au largue.

    La nouvelle Paffe étant à trois-cents toifes de ces mêmes Falaifes, jamais un navire qui manquera fon entrée, ne pourra y être jeté. (1)

    2°. La Paffe actuelle eft trop large, de forte

_____

(1) Voyez le Mémoire lu à l'Affemblée en Fèvrier 1787.

                        qu'il

qu'il y refte toujours des pouliers de galet qui empêchent les navires d'accofter les Jetées, & font autant d'écueils dans le Chenal même.

La nouvelle Paffe étant réduite à la largeur néceffaire pour la facilité de la navigation, elle fera parfaitement nettoyée, & il n'y aura plus d'écueils dans le Chenal.

3°. Le fonds de la Paffe actuelle eft un rocher qui ne permet pas aux Eclufes de l'approfondir, & qui brife les navires qui talonnent.

Le fonds de la nouvelle Paffe étant de fable & de galet, les Eclufes de chaffe approfondiront beaucoup le Chenal; & fi des navires qui fe préfenteroient trop tard ou trop tôt, venoient à talonner, ils ne s'endommageroient pas, comme ils font dans la Paffe actuelle.

4°. Les têtes du Chenal actuel font très-loin des Eclufes, & le Chenal eft mal contourné pour l'effet des chaffes.

Les têtes du nouveau Chenal étant moins éloignées des Eclufes, l'eau en aura plus de pente: elle agira avec plus de force; elle nettoiera mieux le nouveau chenal, & portera plus loin en mer, le galet qu'elle balaiera dans fa courfe.

5°. Le nouveau Chenal étant plus profond que celui actuel, les navires entreront plus tôt, &

fortiront plus tard : de morte-eau, les barques qui apportent le poiffon, entreront, même de mer baffe, jufques dans le Port, où elles feront à l'abri; pendant que, dans l'état actuel, elles font obligées de s'arrêter à l'entrée du Chenal, à leurs rifques, périls & fortune, & il faut qu'on aille y chercher le poiffon, qui fe rendra jufques dans le Port, par le nouveau Chenal.

6°. Les Jetées actuelles font mal fondées; ce qui empêche de tirer tout le parti des Eclufes de chaffe, de peur de les affouiller & de les culbuter : c'eft ce qui tient tout le Commerce dans l'alarme; parce que fi une grande longueur de Jetées venoit à s'écrouler, dans l'hiver fur-tout, cela gêneroit beaucoup le paffage des navires; pendant que, fi les nouvelles Jetées étoient faites, il n'y auroit rien à craindre de ces évènements.

7°. Si on conferveroit l'ancienne Paffe, il faudroit refonder les Jetées actuelles; c'eft-à-dire, les refaire: ce qui feroit plus difpendieux que de faire une nouvelle Paffe, attendu que les anciennes Jetées font plus longues que les nouvelles, & qu'il faudroit, au devant, & fur toute la longueur, commencer par faire une eftacade, un batardeau de garantie, qui feroit très-expofé, très-coûteux : ce qui gêneroit infiniment le Commerce pendant tout le temps de la reconftruction des Jetées.

On voit que ce n'eſt pas légèrement que les travaux commencés au Port de Dieppe, ont été entrepris; & l'on deſireroit que tout le monde pût ſe convaincre par lui-même, de tout ce qui a précédé leur déciſion : mais, dans l'impoſſibilité d'imprimer cette foule de pièces qui l'ont amenée, voici la marche que nous nous propoſons de ſuivre.

Nous publions d'abord un Mémoire, dans lequel on prouvera que le galet étant pour notre Port, un ennemi ſans ceſſe renaiſſant, il faut, pour l'expulſer, un moyen continuellement exiſtant; c'eſt-à-dire, des Écluſes de chaſſe.

Nous donnons enſuite le Mémoire lu à l'Aſſemblée des Ponts & Chauſſées, en 1787, où l'on a déterminé la forme qu'il convient de donner aux Jetées, & la diſtance à laquelle on doit en placer les têtes.

Nous finirons par détruire, dans un troiſième Mémoire, toutes les objections qu'on fait contre la nouvelle Paſſe. Dans une mauvaiſe cauſe, on ſe contente de repouſſer les attaques d'une manière générale, parce qu'on peut ainſi gliſſer ſur les objets qui embarraſſent, & ne s'arrêter qu'à ceux auxquels on peut répondre victorieuſement: Nous nous propoſons, au contraire, de répondre aux articles du Mémoire des Adverfaires, par autant d'articles que nous mettrons à côté des premiers. Cette méthode de combattre corps-à-corps, & de laiffer juges les fpectateurs, eft franche & loyale : l'homme impartial & inf-truit, peut voir alors facilement quel eft celui qui fuccombe dans chaque attaque.

Nous efpérons, après tous ces Mémoires, & les plans qui les accompagneront, mettre enfin le Public à portée de juger un projet qui, déjà conçu dans le fiècle précédent, par un grand Mi-niftre (M. de Colbert), a enfin commencé d'être exécuté au mois de Mai 1778, fous les ordres d'un Miniftre plus grand encore, qui s'en étoit fait rendre compte, (M. Necker.)

_____

(1) Voyez *Mémoires Chronologiques* de Dieppe, t. II, p. 65, 66.

MÉMOIRE

Sur les Travaux qui se font au Port de Dieppe.

PERSONNE n'ignore que la mer travaille sans cesse à combler de galets, le Port de Dieppe, dont l'entrée, avant les nouveaux travaux, étoit
souvent réduite à vingt-quatre ou trente pieds. Il arrivoit d'ailleurs fré-
quemment, qu'une barre de galet s'élevoit entre les deux Jetées; de sorte
que la rivière tournant tout court au pied de celle de l'Est, les navires
qui ne pouvoient suivre le chemin contourné, se trouvoient exposés
aux plus grands dangers. En vain, pour remédier à cet inconvénient,
on avoit construit un épi bas en tête de la Jetée de l'Est : les vents
d'Ouest apportoient le galet presque sur l'épi, & le rendoient inutile ;
en sorte qu'on étoit souvent réduit à faire enlever le galet, à force de
bras : opération extrêmement coûteuse, & non moins insuffisante dans
un Port, où, dans une ou deux marées, il se fait des alluvions de plusieurs milliers de toises cubes.

D'après les plans de l'Ingénieur de la Province, il a été construit des
écluses de chasse, qui ont, en partie, remédié à cet inconvénient. On
va tâcher de donner ici une idée des effets de cette Ecluse.

La mer, en montant, va couvrir, au-delà de Dieppe, un terrain
considérable, de plus de cent mille toises superficielles, sur douze,
quinze & dix-huit pieds de hauteur. Elle passe par les portes des Ecluses,
au moment du plein : on ferme ces portes ; la mer se retire, & l'eau de
la retenue reste toujours à la même hauteur. Quand la mer est basse, on
ouvre ces portes : dans un seul instant, l'eau qui étoit soutenue sur
douze, quinze & dix-huit pieds, se précipite dans le Port, & va gagner
la mer. C'est dans sa marche, qu'elle enlève les bords du Chenal, comme
une rivière enlève ses bords, quand il y a une grande crue d'eau. Or,
pour suivre la comparaison de la rivière (car les chasses ne sont réelle-

ment qu'une rivière, qu'un torrent artificiel) si vous suppofez que, dans le lit d'une rivière qui n'a que vingt-quatre à trente pieds de largeur, on introduife une autre rivière beaucoup plus confidérable, il eft évident que le lit s'élargira, parce que le lit des rivières eft d'autant plus grand, qu'elles roulent plus d'eau. Un fleuve a un grand lit, une petite rivière un petit lit, & un ruiffeau un plus petit encore.

La rivière de Dieppe ne roule que trois mille toifes cubes d'eau à l'heure, & la retenue en contient au moins deux-cents mille qui s'écoulent dans deux heures : ce font cent mille toifes cubes d'eau à l'heure, lefquelles, ajoutées aux trois mille de la rivière, font cent-trois mille toifes cubes d'eau à l'heure. Il eft donc évident que le Chenal qui eft le lit de la rivière, doit fe rélargir quand on lâche les Eclufes.

D'un autre côté, la mer qui entroit dans ce Port, montoit ci-devant jufques à Arques, & couvroit une vallée bien précieufe, fur une lieue de longueur & une très-grande largeur. Pour fournir à ce grand vuide, il paffoit à chaque marée, dans le Port, plufieurs millions de toifes cubes d'eau, qui s'en retournoient par le même chemin à mer baiffante : cette quantité énorme d'eau établiffoit dans ce Port, un courant très-préjudiciable, en ce qu'il ne rendoit le Port acceffible, qu'au moment du plein, & affujettiffoit à des précautions infinies, pour empêcher les navires de fe heurter les uns contre les autres, à l'arrivée & au retour de la marée.

On a fait en 1787, une digue de barrage qui empêche la mer de monter dans la vallée. A ce moyen, il n'exifte plus de courant fenfible dans ce Port, & non-feulement on a gagné les frais de gardiens, & paré aux avaries; mais encore on a plus que doublé le temps pendant lequel les navires peuvent entrer ou fortir, parce qu'on ne s'inquiète plus fi la mer monte ou defcend : il fuffit qu'il y ait affez d'eau pour le tirant des navires. Enfin, ce barrage a produit encore un effet bien avantageux pour ce Port; c'eft d'augmenter le temps du plein, qui n'étoit que de quelques minutes à Dieppe, & qui eft maintenant d'une heure ; c'eft-à-dire, que, pendant une heure, la mer ne varie que de quelques pouces.

Maintenant on s'occupe de la fondation de nouvelles Jetées, pour faire un autre Chenal : malheureufement ce travail, qui eft également utile & preffant, n'eft pas très-avancé. La circonftance préfente fait craindre qu'on ne le pouffe pas avec affez de vigueur : ce feroit un malheur d'autant plus grand pour Dieppe, que, malgré ce qui vient d'être dit, 1°, fon entrée actuelle eft trop près de la Falaife du Pollet ; de façon qu'un navire qui manque fon entrée, venant de la partie de l'Oueft par un vent forcé, touche les roches qui font au pied, avant d'avoir pu faire fes manœuvres pour fe relever & gagner le large.

2°. Les vieilles Jetées font dans un délabrement qui fait craindre pour leur deftruction abfolue : on les entretient le moins mal poffible, mais on ne peut faire que du ravaudage fur une vieille maçonnerie, creufe, lézardée, mal-fondée & mal conftruite. Enfin, ces Jetées font fi mauvaifes, qu'on ne peut même tirer tout le parti qu'on pourroit attendre des Eclufes, qui les mineroient par le pied, & les feroient culbuter, fi on n'avoit pas la fage précaution de s'arrêter quand le paffage des navires eft à-peu-près fuffifant.

Pour parvenir à faire la fondation des nouvelles Jetées, on a fait une digue de garantie, fort avancée à la mer, à l'abri de laquelle on compte fonder les têtes des Jetées. C'eft vraiment un ouvrage hardi & & bien exécuté : mais c'eft un bouclier qui coûte cher ; & fi on n'en profite pas pour fonder les têtes des Jetées, il eft à craindre que cette digue ne foit endommagée, peut-être enlevée avant peu d'années ; d'autant qu'elle n'eft remplie qu'en galet ; que l'enlèvement d'un bordage fuffit pour la vuider ; que l'acide marin rouille promptement les têtes des clous qui feuls tiennent les bordages ; que cette digue eft très-expofée depuis la partie de l'Oueft, paffant par le Nord, jufqu'à la partie de l'Eft ; que la mer eft très-dure à Dieppe ; enfin que cette digue eft annoncée comme ouvrage provifoire : & il eft à craindre que fi les circonftances ne permettoient pas de donner les fonds néceffaires pour fonder en 1789, la tête de la Jetée de l'Oueft, ainfi qu'on l'efpéroit, elle ne foit détruite par une tempête de plufieurs jours ; ce qui n'eft pas très-rare à Dieppe.

Quoi qu'il en foit, il vient d'être dit qu'on avoit barré la mer qui ne monte plus dans la vallée d'Arques. Comme il y a une rivière dans cette

même vallée, on fent bien qu'il a fallu faire une Eclufe dont les portes
fe ferment quand la mer monte, & s'ouvrent quand elle defcend, pour
laiffer échapper la rivière. Comme il lui falloit un lit, on lui a donné
tout-de-fuite la largeur & les dimenfions néceffaires pour le canal de
navigation fi utile & fi defiré, de Dieppe à Paris, par l'Oife, dont on
parle tant, & dont on s'occupe fi peu ; de forte qu'il n'y a que fix-
cents toifes de ce Canal de fait avec fon Eclufe à l'embouchure : il faut
efpérer que le temps amènera la fuite de ce projet.

On nous a fait en outre, l'année dernière, un commencement de
Canal de flottaifon, avec une Eclufe à l'embouchure, pour amener fous
les murs de la Ville, le bois de chauffage. Quoique ce projet ne foit
utile que pour les Habitants, il n'eft pas moins à defirer qu'il fe continue.

Journal de Normandie, du 2 Mai 1789. *N*° 35.

OBSERVATIONS

MÉMOIRE

Sur la nécessité de réparer, le plus tôt possible, la Tête de la Jetée du Port de Dieppe, du côté de l'Ouest.

MÉMOIRE.

Depuis plusieurs années, la tête de la Jetée du Port de Dieppe, du côté de l'Ouest, éprouvoit, par la violence des coups de mer, une dégradation sensible.

Dans le principe, il eût sans doute été facile d'appliquer au mal, les remèdes convenables ; ils euffent été fimples & peu difpendieux : mais l'ouverture d'une nouvelle Paffe étoit irrévocablement arrêtée ; les travaux néceffaires à l'exécution du nouveau projet, déjà commencés ; & fes Auteurs, fermement perfuadés que la tête de la Jetée réfifteroit jufqu'à l'époque de fon entière exécution, ont négligé de s'occuper

RÉPONSE.

Il y a plus de trente ans que cette brèche exifte : feulement elle s'augmente de temps-en-temps, par les groffes mers.

La réparation de la Jetée de l'Ouest n'eft pas auffi aifée qu'on le croit : 1°, cette partie eft très-expofée ; 2°, le revêtement feul étant emporté, la pierre qu'on y fubftitueroit ne feroit qu'un placage ; & s'il furvenoit un peu de gros temps, avant que les mortiers fuffent parfaitement fecs, la nouvelle maçonnerie fe détacheroit facilement du noyau de la Jetée.

Cette brèche exiftoit long-temps avant le projet de la nouvelle Paffe, qui ne date que du 20 Décembre 1777. Au furplus,

A

des moyens qui feuls pouvoient, finon empêcher, éloigner du moins la deftruction de cette partie effentielle.

fi, comme on devoit l'efpérer, le travail de cette nouvelle Paffe avoit été accéléré ; fi des clameurs continuelles n'avoient pas ralenti le Gouvernement, elle feroit faite aujourd'hui, & l'efpérance qu'on avoit de voir fubfifter la tête de la Jetée jufqu'à la confection de la nouvelle Paffe, fe fût réalifée.

Aujourd'hui la chûte totale de la tête de la Jetée eft devenue un malheur inévitable. La première tempête d'un vent d'Oueft-Nord-Oueft peut l'occafionner. Les gens de l'art, les perfonnes inftruites, les bons Marins la prévoient & l'annoncent, & tous les citoyens en redoutent les fuites. Elles feront terribles, & les pertes, dont elle fera la caufe, irréparables.

Il eft plus que vraifemblable que cette tête de Jetée finira par tomber avant la confection de la nouvelle Paffe, fi on néglige de la réparer, & qu'on ralentiffe les travaux du nouveau projet : cela arrivera quand la ténacité des mortiers ne fera plus en équilibre avec le poids de la maçonnerie fupérieure, dont le furplomb augmente à mefure que la Jetée fe mine : mais dire que c'eft à la première tempête d'un vent d'Oueft-Nord-Oueft, c'eft répéter ce qu'on dit depuis trente ans. Il feroit très-fâcheux, fans doute, que cette tête de Jetée tombât ; mais il n'y auroit pas là de perte irréparable : ce feroit tout fimplement une avarie, & il en arrive dans tous les Ports.

MÉMOIRE.

La Ville de Dieppe, dont la population s'élève au moins à vingt mille ames, ne fubfifte que du produit de fes Pêches fraîches & falées, & des bénéficesqu'elle retiredu grand & petit Cabotage.

La néceffité des fes Pêches, relativement à elle - même, leur utilité pour le Royaume en général, font des vérités démontrées. On fait que le produit de fes Pêches eft de plufieurs millions, & que la Marine Dieppoife eft la pépinière des Matelots les plus robuftes & les plus inftruits.

Or la tête de la Jetée, une fois tombée, qu'arrivera-t-il ? Le galet amoncelé le long du rivage de l'Oueft, ne trouvant plus d'obftacle, entrera dans le Port avec abondance, & finira par en interdire abfolument l'accès.

RÉPONSE.

Approuvés.

Si la tête de la Jetée étoit détruite, il arriveroit que le Chenal feroit moins long, mais non pas moins large ; parce que cétte largeur dépend du volume d'eau des Eclufes. Toutefois il eft bien vraifemblable que pendant deux ou trois marées, il entreroit beaucoup de galet dans le Chenal ; favoir, tout celui que foutient la partie de la Jetée qui s'écrouleroit : mais on l'enlèveroit à chaque marée, en faifant jouer les Eclufes, & la largeur du Chenal refteroit la même.

A 2

MÉMOIRE.

Depuis cet inftant fatal, qui n'eft pas éloigné, jufqu'à l'époque où les travaux déjà commencés, feront finis, les Pêches fraîches & falées feront forcément interrompues; l'entrée du Port fera inacceffible; il n'exiftera plus alors, pour la Ville, ni grand ni petit Cabotage; les navires & bateaux pourriront dans le Port; le défœuvrement & une mifère affreufe deviendront le trifte partage de fes malheureux habitants.

Et quelle fera la durée de cet état de détreffe! Hélas! il eft plus que probable qu'elle fera illimitée; &, fi l'on juge du temps néceffaire pour la confection des travaux, par celui qui a été employé depuis leur origine, dix ans au moins fe feront écoulés avant leur entière perfection. Bientôt les Armateurs & Négociants tranf-porteront ailleurs leurs fonds & leur induftrie.

RÉPONSE.

Cet avancé n'effraiera pas les hommes inftruits.

Il eft dans l'ordre de gémir fur les grands malheurs; mais quand ils font imaginaires, on a les yeux fecs malgré foi.

Il eft vrai qu'on a mis près de dix ans à faire les Eclufes de chaffe, qui affurent la largeur du Chenal; les digues de barrage qui donnent le calme dans le Port; les Eclufes à portes de flot; le Pont du Pollet; le Canal de navigation, & tout ce qui fait fuite aux projets. Il eft encore vrai qu'il vaudroit mieux avoir fait tout cela, dans une année: mais les grands travaux publics ne vont pas ce train-là; &, ce qui confole un peu les bons citoyens, c'eft que dix ans, qui font beaucoup pour un homme pris individuellement, ne font rien pour un Etat:

nos neveux jouiffent plus que nous, du gland que nous plan-
tons, & des grands projets que l'on exécute.

MÉMOIRE.

Il y a plus : c'eft qu'aucuns
des petits Ports de la Manche,
tels que Saint-Valery-en-Caux,
Fécamp & le Tréport n'étant
fufceptibles, par leur pofition,
d'une Pêche auffi étendue que celle de la Ville
de Dieppe, il en réfultera, pour les Pêches du
Royaume en général, une diminution fenfible,
dont les effets feront proportionnés à leur utilité
& à leur importance.

Ainfi, que les travaux, déjà
commencés, ceffent ou conti-
nuent, il eft d'une néceffité
urgente &indifpenfable de s'occuper, férieufement & promptement, des réparations à faire
à la tête de la Jetée. Si on néglige ce point important, l'ouverture de la nouvelle Paffe (en
fuppofant pour un moment fon
utilité), deviendroit infruc-
tueufe.

RÉPONSE.

Rien de plus vrai, fi le mal
étoit réel : mais il eft imaginaire, comme nous l'avons dit
ci-deffus.

Il n'eft pas douteux qu'il faut
entretenir le Chenal actuel, jufqu'au moment où le nouveau
fervira : auffi on y fait de continuelles réparations. Il eft vrai
qu'on fe réduit, autant qu'on
peut, aux entretiens fimples,
pour ne pas facrifier trop d'argent à cet objet, qui eft confidéré comme provifoire. C'eft
par cet efprit de fageffe & d'é-
conomie, qu'on a différé de
faire à la Jetée de l'Oueft, la
réparation dont il s'agit ici ;

parce qu'on s'eft toujours flatté que cette Jetée fubfifteroit
jufqu'au moment où la nouvelle Paffe pourroit fervir. Mais fi

on en recule la confection, il conviendra de s'occuper de la réparation de la Jetée de l'Ouest. Enfin, en 1782 & 1783, on a refait la tête de cette Jetée, parce qu'elle étoit emportée ; & cela prouve qu'on ne néglige pas l'entretien du Chenal actuel.

MÉMOIRE.

En effet, comme on l'a déjà observé, la tête de la Jetée, une fois tombée, le commerce de la ville de Dieppe tombe avec elle ; les fonds & l'industrie se transportent nécessairement ailleurs ; & l'expérience de tous les pays & de tous les siècles a démontré qu'une fois éloigné de sa route ordinaire, le commerce n'y revient presque jamais.

Dans des circonstances aussi critiques, MM. les Négociants de la Ville de Dieppe ne devroient - ils pas s'adresser à sa Majesté & à ses Ministres, pour obtenir d'une administration aussi prévoyante qu'attentive & éclairée, les ordres nécessaires pour la réparation d'une partie aussi essentielle ?

RÉPONSE.

Tous les malheurs dont on menace, si cette Jetée venoit à s'écrouler, ne feroient pas tels qu'on les suppose ; parce que les Ecluses entretiendroient la largeur du Chenal ; parce que les navires entreroient toujours dans le Port ; parce qu'enfin ce feroit purement une affaire d'argent, pour réparer le dommage.

On a fait & envoyé le projet, le devis & le détail de cette réparation ; mais il n'est pas aisé de décider si on doit l'exécuter : car toutes les sommes qu'on y emploiera, feront en pure perte, si on accélère assez la construction de la nouvelle Passe, pour qu'elle puisse être livrée avant la chûte de la Jetée actuelle de l'Ouest.

MÉMOIRE

Sur le Projet de l'ouverture d'une nouvelle Passe pour le Port de Dieppe,

Dressé & rédigé d'après les observations de plusieurs Négociants, Capitaines de Navires, Maîtres de Bateau, & Pilotes Lamaneurs.

MÉMOIRE.

A peine le Projet de l'ouverture d'une nouvelle Passe pour le Port de Dieppe a-t-il été connu, qu'il a excité les réclamations de plusieurs particuliers : il étoit difficile que leur opposition, sans caractère légal & authentique, fût accueillie ; aussi a-t-elle été sans succès.

RÉPONSE.

On convient que cet esprit d'opposition a, depuis dix ans, apporté les plus grands obstacles aux projets relatifs au Port de Dieppe. Cependant tout le monde est d'accord aujourd'hui, que les ouvrages faits depuis cette époque, ont procuré un très-grand bien : savoir ; les digues de barrage qui empêchent la mer de monter dans la vallée, ce qui donne du calme dans le Port ;

& les Écluses de chasse qui assurent au Chenal, une largeur suffisante pour l'entrée des navires.

Tout le monde eſt d'accord ſur les avantages que ces travaux ont procurés : mais, par une ſuite de l'eſprit d'oppoſition, on ne veut pas qu'on en faſſe davantage. Si la nouvelle Paſſe étoit faite, on la trouveroit bien ; mais peut-être s'oppoſe-roit-on à la conſtruction du baſſin qui doit ſuivre.

MÉMOIRE.

Les fidelles Communes de la Ville de Dieppe avoient de-puis long-temps perdu la li-berté de faire parvenir aux pieds du Trône leurs reſpec-tueuſes Remontrances.

Enfin, une grande occaſion s'eſt préſentée, & les Com-munes aſſemblées en réſultance du Réglement de ſa Majeſté, du 24 Janvier dernier, ont ar-rêté dans leurs Doléances, de demander la ſuppreſſion abſo-lue des travaux déjà commen-cés pour l'ouverture d'une nouvelle Paſſe, afin qu'on ne s'occupât uniquement que des réparations à faire à la Paſſe actuelle.

Cette réclamation légale, publique & ſolemnelle, annon-çoit bien certainement que ja-mais les Communes n'avoient été

RÉPONSE.

On penſe que les Communes auroient ſuivi une marche plus conforme à la raiſon, ſi elles avoient commencé par arrêter l'examen des projets avant de les condamner. Il eſt vrai que de-puis on a nommé des Commiſ-ſaires ; on a appellé des Experts ; on a examiné : mais quel eſt l'homme aſſez ſûr de lui-même pour ſe promettre que la con-damnation qu'il aura prononcée d'avance, n'entrera pour rien dans l'examen tardif, qui doit caſſer ou valider ſon jugement.

On avoit conſulté une grande partie des Négociants de cette ville ; les Officiers Municipaux, beaucoup de Marins, comme
on

MÉMOIRE.

été confultées fur un projet, à l'exécution duquel eft cependant attachée leur deftinée, & celle de leur poftérité.

RÉPONSE.

on le voit par le Réfumé du 4 Mars 1779 ; MM. le Chevalier de Borda, de Florieux d'Arcy, & un grand nombre d'Ingénieurs, comme le prouve l'Extrait des différents Comités & Affemblées des hommes de l'art. (*Voyez* l'AVERTISSEMENT.)

C'eft en fuivant cette marche, qu'on a décidé les Eclufes de chaffe & les digues de barrage, aujourd'hui approuvées de tout le monde : fi on avoit attendu, pour les exécuter, le confentement de tous les oppofants, tous ces utiles travaux auroient refté certainement à faire.

Les Communes, dans leurs Cahiers, s'étant contentées d'exprimer leurs vœux & leurs defirs, fans entrer dans le détail des raifons & des motifs qui les déterminoient, il eft utile, néceffaire même, pour donner plus de force à leur demande, de fe livrer à un examen réfléchi, & à une difcuffion approfondie, fur une matière auffi importante.

Les Communes ne pouvoient entrer dans aucun détail dans leur Cahier, n'ayant pas encore examiné ni fait examiner les projets qu'elles condamnoient.

Jamais le public n'avoit eu connoiffances des Mémoires ou obfervations qui avoient dû être

On n'a caché ni publié les Mémoires & obfervations qui ont fervi de bafe aux

B

préfentés au Gouvernement , pour le déterminer à donner fa fanction à une pareille entreprife. Ces différentes Pièces confiftent en un Mémoire préfenté en 1777 , & en un réfultat d'obfervations, fous la date du 4 Mars 1779 : Elles ont été remifes à quelques Négociants de cette Ville : ils les ont communiquées à plufieurs Capitaines de Navires, Maîtres de Bateaux, & Pilotes Lamaneurs , dont les connoiffances théoriques & pratiques , fur-tout relativement aux vents & aux atterrages du Port , ne peuvent être révoquées en doute. Le Général à qui on en avoit toujours fait un myftère , n'avoit jamais été dans le cas de les adopter ou de les combattre : il devenoit donc de la dernière importance d'y porter le flambeau lumineux de la vérité , & celui d'une critique fage & raifonnée.

nouveaux projets ; mais on a confulté, ainfi qu'on vient de le dire , un grand nombre de gens éclairés, tant dans la ville, qu'à Paris & ailleurs, afin d'avoir un avis qui ne fût pas fufceptible de partialité. Tous les hommes inftruits ayant unanimement applaudi à la beauté & à la bonté du projet , on a été en avant. Cette marche étoit plus fûre que celle des oppofants qui n'ont eu dans leur Affemblée, que des gens attachés à d'anciennes habitudes , ou ignorant les premiers éléments de l'hydraulique dont tous les ouvrages à faire au Port de Dieppe, ne font que les réfultats.

Cette marche, fans doute, n'eft pas faite pour porter dans cette difcuffion, *le flambeau lumineux de la vérité & celui d'une critique fage & raifonnée;* mais bien pour laiffer du doute dans l'efprit de ceux qui ne peuvent juger par eux-mêmes.

MÉMOIRE.

Tel a été, pour sa plus grande partie, le travail des Négociants & des Marins : ce Mémoire en offre le résultat ; & ses rédacteurs le soumettent avec plaisir, aux réflexions & aux lumières de leurs concitoyens.

Dans l'état actuel des choses, la Ville de Dieppe a l'avantage d'avoir un des Ports le plus sûr & le plus commode : les vaisseaux s'y trouvent à l'abri des vents, d'un côté, par les maisons qui l'avoisinent, & de l'autre, par la Falaise. Depuis plusieurs années, sur-tout, ils ne sont plus exposés, même dans les plus violentes tempêtes, à s'y briser en se heurtant les uns contre les autres. L'entrée ou Passe est la plus belle

RÉPONSE.

On desire, par amour pour le bien en général, & sur-tout pour celui de la Ville de Dieppe, que ses habitants prennent le bon parti dans cette importante affaire. S'il ne falloit que de la droiture, on se croiroit bien assuré de la majorité : mais dans une discussion de cette espèce, il faut en outre des connoissances toujours rares dans la multitude ; & ce ne sera sûrement pas le moins sage qui hésitera à porter un jugement.

Ce qu'il y a de plus remarquable & de plus précieux à Dieppe, c'est son local qui est infiniment heureux ; c'est cette belle vallée qui a sept à huit-cents toises de longueur ; c'est la rivière qui passe au milieu, & qui roule au moins trois mille toises cubes d'eau à l'heure : ce sont tous ces avantages du local, qui offrent les plus belles ressources pour de grands & magnifiques établissements qui font une suite de la prospérité des Villes, & qui l'augmentent à leur tour.

de toute l'Europe : fes deux Jetées offrent un fpectacle auffi fuperbe que magnifique & impofant.

Ce font tous ces avantages qui ont déterminé les grands & beaux projets qu'on a commencé d'exécuter. C'eft en faveur de ce local heureux, qu'on a fait les Eclufes de chaffe qui affurent l'entrée du Port, & les digues de barrage qui y donnent le calme. Ces bienfaits, qu'on reconnoît dans le Mémoire que nous réfutons, font une fuite de l'exécution d'une partie des projets, & aujourd'hui on veut les arrêter : c'eft tout ce qu'on pourroit faire, fi les auteurs de ces projets avoient trompé dans leurs promeffes ; au contraire, ils ont paffé nos efpérances, celles même des oppofants qui ne vouloient pas qu'on les commençât. De quel œil veulent-ils donc qu'on regarde leur continuelle réfiftance ? & quel plus heureux augure pour ce qui refte à faire, que l'approbation qu'ils font forcés de donner à ce qui eft déjà fait. Dans quelques années ils reconnoîtront eux-mêmes que la nouvelle Paffe eft préférable à l'ancienne ; & qu'on a eu raifon de leur réfifter, comme on a fait il y a dix ans, lorfqu'on a commencé les Eclufes. Au furplus, les navires feront au moins auffi tranquilles dans le Port, quand la nouvelle Paffe fera faite, qu'ils le font maintenant ; puifqu'ils feront également abrités des vents, & que les claires-voies ne permettront pas à la lame de s'y introduire.

Quant au fpectacle *des deux Jetées, auffi fuperbe que magnifique & impofant ;* c'eft du nouveau projet qu'il convient de parler ainfi : il fuffit, pour s'en convaincre, de jetter un coup-d'œil fur le Plan. Les Jetées actuelles ne préfentent que de longs murs, mal conftruits, faits à différentes reprifes, sans régularité , sans principes ; les nouvelles Jetées, au contraire , sont projetées sur un Plan régulier , conforme aux principes de l'hydraulique ; elles sont terminées par des murs en retour , qui leur donnent de la grace , de la nobleſſe , & qui, en aſſurant leur ſolidité , procurent de grandes facilités pour le halage des navires.

MÉMOIRE.

D'après cela , il eſt difficile de concevoir quels motifs avoient pu paroître aſſez puiſſants pour déterminer la nouvelle entreprise. Ces motifs qu'on auroit dû communiquer au Général, lui ont été ſoigneuſement cachés depuis 1777 : ils ſont maintenant connus, & il ne ſera pas difficile d'en démontrer le peu de fondement & l'illuſion.

RÉPONSE.

Les motifs qui ont déterminé la nouvelle Paſſe, ſont conſignés dans un grand nombre de Mémoires , & principalement dans celui lu à l'Aſſemblée des Ponts & Chauſſées , en 1787. (Voyez ce MÉMOIRE & l'AVERTISSEMENT mis en tête de cette Réponse.)

Si on n'a pas communiqué ces motifs au général des habitants, c'eſt que le général ne s'y connoît pas : mais on a conſulté un très-grand nombre de perſonnes de l'art , de Négocians & de Marins : tous ont unanimement approuvé le projet de la nouvelle Paſſe, ainſi que les Ecluſes & le barrage de la vallée.

Pour procéder avec plus d'ordre & de clarté , on ſuivra la marche des Rédacteurs des

La marche eſt indifférente , & nous ſuivrons auſſi celle du Rédacteur du Mémoire des op-

14

MÉMOIRE.

observations de 1779, comme étant la plus didactique.

Cependant, avant de les discuter, il est essentiel de détruire le motif principal de l'entreprise, sur lequel se sont fondés les Auteurs du Mémoire de 1777; ce motif ayant, pour ainsi dire, déterminé seul le nouveau projet.

Les Auteurs du Mémoire, dont le contenu semble avoir entraîné l'unanimité des suffrages des Membres qui composoient l'Assemblée générale de MM. les Ingénieurs des Ponts & Chaussées, paroissent avoir eu principalement en vue d'éviter les naufrages multipliés

RÉPONSE.

posants; Mémoire avoué, pendant que celui qu'ils réfutent, n'est qu'un Précis fait par un Citoyen zélé & honnête, qui avoit jeté précipitamment quelques idées sur le papier, & qui ne croyoit pas qu'on s'en servît comme d'une pièce fondamentale.

On ne connoît pas de motif unique qui ait déterminé le nouveau projet, mais bien un grand nombre de raisons qui ont fait entreprendre une nouvelle Passe au milieu de la vallée; & , ce qu'il faut détruire, c'est la bonté du projet.

Le danger auquel sont exposés les navires, en touchant les rochers qui sont au pied de la Falaise de l'Est, est sans doute un des inconvénients de la Passe actuelle : ces rochers touchent la Jetée, & la dépassent au large, de plus de quarante toises. Ils sont placés là, comme en embuscade : il suffit d'avoir des

auxquels ils prétendent que font expofés les navires & leurs équipages, de fe perdre fur un lit de rochers qui fe trouvent au pied de la Falaife, à l'Eſt de la Jetée actuelle.

Un pareil motif, fans doute, étoit bien capable de faire une impreſſion profonde : c'eſt cette impreſſion qu'il eſt d'abord important de détruire, en démontrant le peu d'exactitude des faits qui l'ont produite.

Suivant les Auteurs du Mémoire, les navires & leurs équipages font, à l'entrée du Port actuel, expofés à fe perdre fur un lit de rochers qui fe trouvent au pied de la Falaife, à l'Eſt de la Jetée actuelle ; & ces accidents font ſi fréquents, qu'il n'étoit pas rare de les voir fe renouveller pluſieurs fois, dans la même annnée.

yeux pour s'en convaincre ; c'eſt une vérité phyſique, & ſi l'on ne convient pas de cet inconvénient de la Paſſe actuelle, que pourroient les raiſonnements avec ceux qui nieroient ce qu'ils peuvent voir & toucher ?

Au furplus, cet inconvénient de la Paſſe actuelle n'eſt pas le feul, à beaucoup près.

Ce motif eſt fans doute puiſſant ; mais il en exiſte beaucoup d'autres plus ou moins importants, ainſi que nous l'avons déjà dit.

On ne peut nier ; ni le rocher, puiſqu'il découvre, même de morte-eau ; ni le danger pour un navire qui manque fon entrée, puiſque ce rocher touche la Jetée.

MÉMOIRE.

Suivant eux, les navires ou bateaux venant de l'Oueft par un vent forcé de Nord-Oueft, fe perdent infailliblement fur ce banc de roches, s'ils ne font pas affez heureux pour faifir la dromme que le Haleur leur jette pour y amarrer les cables qui doivent fervir à les haler dans le Port,

Suivant eux, un navire venant de l'Eft, tantôt par certains vents qui l'approchent de la terre, tantôt par un vent de Sud-Eft, qui, en le chaffant au large, l'oblige, pour ne pas dépaffer le Port, de ferrer la côte, eft expofé aux mêmes dangers; parce que, dans le premier cas, il eft contraint de faire route fur ces rochers; & parce que, dans le fecond, à peine à l'abri de la Falaife, le vent lui manque tout-à-coup, & le courant de la marée montante le pouffe fur les rochers.

Suivant eux, enfin, le fonds de l'entrée du Port étant compofé

RÉPONSE.

Les Navires venant du Nord-Oueft par un vent forcé, peuvent entrer dans le Port, même fans fe fervir de dromme, par une manœuvre jufte & précife; mais s'ils éprouvent un raffale, fi le navire a fes mâtures ou fon gouvernail un peu endommagés, il a fon tombeau qui l'attend : les rochers touchent la Jetée, & il eft perdu; heureux, fi l'équipage fe fauve!

Le fecond accident eft plus rare que le premier; mais il ajoute toujours aux dangers de la Paffe actuelle.

Il eft impoffible de nier que le fonds du Chenal actuel eft compofé

MÉMOIRE.

posé de tuf, un navire qui y arrive avant le plein de la marée, où lorsqu'elle perd , se trouve soulevé par la vague , qui l'élève d'abord de plusieurs pieds, le laisse ensuite retomber avec violence , de manière que, talonnant sur un fonds aussi dur , il s'y brise souvent.

Si ces différents motifs avoient la vérité & l'expérience pour base , il faut convenir qu'ils seroient d'un grand poids.

Mais, 1º , il n'existe peut-être pas de Côte où les naufrages soient plus rares que sur celles qui avoisinent le Port de Dieppe : il n'est pas exact d'avancer qu'on les voie souvent s'y renouveller plusieurs fois , dans la même année. Pour s'en

RÉPONSE.

composé de rochers , puisqu'ils découvrent , de mer basse, d'un bout à l'autre : ces rochers sont élevés de cinq à six pieds au-dessus de la laisse de basse-mer de vive eau ; & l'on espère qu'on n'essaiera pas de prouver qu'un navire peut impunément talonner sur le rocher.

On ne rapporte ici que des faits, puisqu'on voit le rocher à toutes les marées, qu'on peut en niveler la hauteur au-dessus des basses marées , ainsi que cela a été fait bien des fois ; & si l'on peut être contredit à cet égard, du moins on ne peut être confondu.

On ne conçoit pas comment les Auteurs de ce Mémoire, peuvent avancer que les naufrages sont plus rares ici que dans les autres Ports de l'Europe, & qu'ils offrent tous les ans ce triste & douloureux spectacle , pendant qu'à Dieppe, cela n'arrive que tous les huit à dix ans.

C

MÉMOIRE.

convaincre, il fuffit de compul-
fer les regiftres de l'Amirauté : ils atteftent à peine un naufrage en huit ou dix ans ; & il
eft peu de Port en Europe un
peu confidérable, qui n'offre,
pour ainfi dire, chaque année,
ce trifte & douloureux fpectacle.

RÉPONSE.

C'eft vanter d'une manière
bien outrée, les avantages du
Port de Dieppe, & trop exa-
gérer les inconvénients des autres Ports de l'Europe, que les
Auteurs du Mémoire femble-
roient ne pas connoître.

En attendant le jugement des
Marins, de ceux qui connoiffent
les différents Ports de l'Europe,
nous rappellerons ici que la
mer à Dieppe paffe de tout
temps, pour y être très-dure : ce qui occafionne, & doit néceffairement occafionner des naufrages de temps-en-temps ;
& que les rochers qui touchent la Jetée de l'Eft, comme
nous l'avons dit, font un écueil inévitable pour les navires
qui manquent leur entrée, venant de la partie de l'Oueft-
Nord-Oueft, par un vent forcé.

Quant à cette affertion, que les regiftres de l'Amirauté atteftent
à peine un naufrage en huit ou dix ans, il fera bon de joindre
ici le tableau des naufrages, auxquels MM. les Juges de
l'Amirauté ont été appellés, & qu'on tient de leur main.

Naufrages de 1696 à 1789.

Dans le Port, » » » » » » » » » » » » » » » » » »	10
Derrière la Jetée du Pollet, » » » » » » » » » »	15
Derrière la Jetée de Dieppe, » » » » » » » » » »	13
A Saint-Nicolas de Caudecôte, » » » » » » » » »	2
A Puits, » » » » » » » » » » » » » » » » » » »	4
A la Vallée de Saone, » » » » » » » » » » » » »	4
A Belleville, » » » » » » » » » » » » » » » » »	1

TOTAL » » » » » » » » » » » » » 49

On voit que, malheureusement, les naufrages font moins rares à Dieppe, que le Rédacteur ne l'avance, d'autant plus qu'il y en a beaucoup d'autres pour lesquels le ministère de l'Amirauté n'a pas été requis.

MÉMOIRE.

2°. Ce n'est ni la position du Port, ni celle de la Falaise qui ont occasionné les naufrages, mais bien plutôt les fautes des Capitaines de navires & Maîtres de bateaux, qui se sont présentés pour entrer dans le Port, ou avant que la mer fût assez pleine, ou qui ayant trop ouvert le Port, vent de Nord-Nord-Ouest, ont tourné sous voile, en voulant serrer le vent pour y porter. D'ailleurs, ces inconvénients feront plus fréquents à l'entrée de la nouvelle Passe, si elle a lieu. Et comment ose-t-on avancer, qu'un navire venant de l'Ouest par un vent de Nord-Nord-Ouest, échoue nécessairement sur les rochers de l'Est, quand il manque la dromme que le Haleur lui jette, puisqu'un navire, dans

RÉPONSE.

Les naufrages viennent sans doute quelquefois de la maladresse des Pilotes, mais très-souvent aussi du gros temps qui brise les manœuvres, & ne permet pas de gouverner le navire. Ces malheurs font reconnus: ils arrivent par-tout, plus ou moins souvent, suivant les Ports. Ils feroient très-fréquents à Dieppe, sans l'excellence de ses Matelots, ou si ce Port joignoit à son Commerce de la Pêche, celui des Isles, qui se fait avec des navires de douze & quinze pieds de tirant. On peut même ajouter que les navires de cette espèce, quand par hazard il en vient, ne peuvent entrer ni sortir du Port, pendant la morte-eau, puisqu'il ne monte alors dans le Chenal actuel, que dix à onze pieds d'eau : inconvénient majeur de la Passe actuelle, & qui s'oppose à ce que le Port de Dieppe

ce cas, arrive vent-arrière, ne se sert ni de dromme ni de cable, & se rend, sans danger, au milieu du Port, poussé par le vent & le courant ?

puisse faire, avec un peu d'avantage, le grand Commerce qui seul assure la prospérité d'une Ville maritime. Mais enfin, quand ce malheur arrive, quand un navire manque son entrée, par quelque cause que ce soit, il ne faut pas lui donner pour cale d'échouage, un banc de rochers, comme dans la Passe actuelle, mais un banc de sable & de galet, comme on l'aura par la nouvelle Passe.

On convient que par le vent de Nord-Nord-Ouest, l'entrée du Port est facile, puisque le navire a presque vent-arrière : mais quand le vent est de l'Ouest, & même de l'Ouest Nord-Ouest, si le navire manque son entrée, par quelque cause que ce soit, il est dans le plus grand danger.

Au surplus, on observera ici, pour la seconde fois, que le Mémoire sur le Port de Dieppe, imprimé en tête de celui que nous réfutons, n'est point une pièce avouée ; que ce Mémoire a été fait par un Citoyen, dont le but étoit d'éclairer la question, & de prouver l'avantage de la nouvelle Passe ; mais qui, n'étant pas un homme de l'art, a pu se tromper quelquefois, sans qu'on puisse en arguer contre la bonté du projet.

Au surplus, il est difficile de concevoir comment les navires, venant de l'Ouest par un vent de Nord-Nord-Ouest, & qui manqueront le nouveau

Les navires venant d'un vent d'Ouest, & non pas de Nord-Nord-Ouest, & qui manqueront l'entrée de la nouvelle Passe, trouveront plus de facilité pour se relever, parce

MÉMOIRE.

Port, auront plus de facilité de gagner le large, & courront moins le danger d'échouer, que ceux qui, du même vent, manquent le Port actuel; puisque le nouveau Port est plus renfoncé dans la vallée.

RÉPONSE.

qu'il y aura plus d'eau derrière la Jetée de l'Est projetée, qu'il n'y en a derrière celle de la Passe actuelle, attendu que le rocher qui entoure la Jetée du côté de l'Est, résiste à la mer, & qu'il se trouve beaucoup plus élevé que la plage, dans ces parties où il n'y a point de rocher.

Dire que les nouvelles Jetées seront plus enfoncées que les anciennes, c'est ignorer que sur les côtes mangées par la mer, la tête des Jetées se trouve toujours située de manière que le pied de cette Jetée est de niveau avec les basses-mers, & qu'on fera toujours le maître de la laisser approcher des nouvelles Jetées, en détruisant une partie des anciennes. (Voyez le MÉMOIRE de 1787, lu à l'Assemblée des Ponts & Chaussées.)

Ainsi, impossibilité aussi absolue pour l'une comme pour l'autre Passe, de regagner le large, après les avoir manquées.

Cet article est refuté par le précédent.

Dira-t-on, enfin, qu'au moins les navires, après avoir manqué le nouveau Port, pourront, dans ce cas, s'échouer sur le galet, aux pieds d'une

Oui : on dira que les navires qui seront forcés d'échouer, feront moins mal sur le sable & le galet, & sur une plage dont on pourra approcher, que quand ils échouent & sur le rocher &

plage découverte , où les navires résisteront plus long-
temps , & où il fera bien plus
facile de sauver la vie des équipages ?

Mais d'abord , quoiqu'au premier coup-d'œil l'échouement
sur le galet puisse être plus fa-
vorable , cet avantage n'est que
spécieux , par la raison qu'un
navire , échouant de l'avant sur
le galet , formant le long du rivage un talut très-rapide d'au
moins douze pieds , sera bientôt forcé , par sa mobilité , de
présenter son travers à la lame ;
qu'alors les coups de mer , en
frappant sur le pont , enlève-
ront les Matelots , sans qu'on
puisse leur porter aucun secours ; au-lieu que , lorsque les
navires échouent d'èbe sur les
rochers , on sauve les équipages
bien plus aisément , pour peu
que le navire puisse résister seu-

au pied d'une Falaise presqu'ina-
bordable : mais on ne fera pas
d'argument pour le prouver.

On ne répondra rien à cet
article qui n'est que le complé-
ment du précédent : seulement on
dira , que la mer bat le pied de
la Falaise , dans les grandes
mers , à l'exception de l'endroit situé entre la Jetée &
la Femme grosse , à cause du
galet qui s'y accumule ; que
même , dans la morte - eau ,
quand elle ne bat pas le pied de
la Falaise , il est encore très-
difficile de porter secours aux
navires , parce que la plage qui
n'est composée que de rochers ,
a une pente très-douce ; ce qui
retient fort au large , le navire
échoué ; pendant que sur les
plages en galet , la pente qui
mène à la mer , étant beaucoup
plus roide , le navire échoue
beaucoup plus près de la laisse
de haute-mer.

lement une demi-heure; & il n'eft pas exact d'avoir annoncé, comme on l'a fait dans le Mémoire de 1777, que lorfque les navires échouent de mer pleine fur les rochers de l'Eft, il eft impoffible de prêter à leurs équipaqes, d'autres fecours, que de leur jetter des cordes du haut de la Falaife, fur laquelle, difent les Rédacteurs, on ne peut guère fe rendre qu'une demi - heure après l'échoue-ment. En effet, depuis un grand nombre d'années, la mer, même dans les plus hautes marées & les plus violentes tempêtes, ne baigne plus le pied de cette partie de la Falaife où font fitués ces rochers; & en partant de la Jetée de l'Eft, ou au moins du Fauxbourg du Pollet, on arrive dans un inftant au pied de la Falaife; & fi le navire échoue dans un endroit peu éloigné de la côte, il eft auffi aifé de lui prêter fecours, qu'il le fera de le faire aux navires qui pourroient échouer fur le galet, à peu de diftance de la nouvelle Paffe.

MÉMOIRE.	*RÉPONSE.*
3°. Un navire venant de l'Eft, foit que les vents le pouf-fent vers la terre, foit qu'il lutte contre ceux qui le chaffent au large, pour la ferrer & ne pas dépaffer le Port, n'eft jamais expofé à fe brifer contre les	Il faut lire cet article plu-fieurs fois, pour croire y en-tendre quelque chofe: nous nous contenterons de répondre, que fi les rochers de la Paffe actuelle font peu dangereux d'un vent d'Eft, ils le feront encore moins, quand ils fe trouveront

MÉMOIRE.　　　　*RÉPONSE.*

rochers. Dans le premier cas, il n'approche pas la terre d'affez près ; d'ailleurs, il trouve toujours affez d'eau fur ces mêmes rochers pour éviter ce terrible malheur ; dans le fecond cas, un vent d'Eft-Sud-Eft qui vient du vallon de Puits, éloigné du Port actuel, d'environ un quart-de-lieue, conduit directement le navire au bout de la Jetée de l'Oueft ; &, pour le

à trois-cents toifes de la Paffe projetée, parce qu'on ne fera plus obligé de ferrer autant la Falaife : enfin, que fi les vents peuvent quelquefois foiblir, en la dépaffant, c'eft un très-petit inconvénient, plutôt hypothétique que réel, mais moins dangereux que les raffales que cette même Falaife occafionne, & qui déroutent le navire le mieux gouverné.

dire en paffant, ce courant d'air ceffant abfolument avec la Falaife, les navires venant des mêmes parages, en feront privés lorfqu'ils feront pour le Port projeté.

Au furplus, on défie les Auteurs du Mémoire, de citer depuis cent ans, un naufrage dans une des deux hypothèfes dont il eft ci-deffus parlé.

Tout ce qu'on peut répondre à ce défi, c'eft que, s'il faut cent ans pour voir un naufrage dans l'hypothèfe en queftion, il en faudra mille pour en citer un, en pareille circonftance, quand la nouvelle Paffe fera faite.

Au furplus, on voit, par une des réponfes précédentes, que les naufrages font malheureufement beaucoup plus rapprochés, & qu'il ne faut pas cent ans pour en avoir un grand nombre.

4°.　　　　　　　　　　　　Voyez

25

MÉMOIRE.

4°. Le danger que courent les navires, de se briser en talonnant sur le fonds de tuf qui existe à l'entrée du Port, est absolument imaginaire : les Marins Dieppois n'en connoissent pas d'exemple.

Quoi qu'il en soit, cet inconvénient seroit le même à l'entrée de la nouvelle Passe; & en effet, d'abord on ignore le fonds qui doit s'y trouver, puisqu'on n'a fait aucune recherche à cet égard; en second lieu, le fonds qu'on y rencontrera, fût-il de sable, les navires, dans la même position, seront exposés aux mêmes inconvénients, s'ils ne sont pas plus considérables. L'expérience, qui est le premier de tous les maîtres, a appris aux Marins, qu'un navire qui talonne sur un fonds lisse comme celui du sable, éprouve des efforts tels,

RÉPONSE.

Voyez le tableau de l'Amirauté, qui dit que quinze navires ont échoué derrière la Jetée du Pollet, sur les rochers qui l'entourent.

Le danger ne seroit pas le même à la nouvelle Passe, puisque le fonds est différent; & l'on se trompe, en avançant qu'on n'a aucune connoissance du terrain qui existe, puisque les pieux de la basse berme de la digue de garantie, du côté du Nord, ont 15 à 16 pieds de fiche, qu'ils descendent cinq à six pieds au-dessous des plus basses-mers de vive-eau, & qu'ils ont entré si facilement, que, dans une marée de deux heures, la même sonnette en battoit jusqu'à quatre & cinq. Ajoutons que c'est par erreur qu'on avance qu'il n'a été fait aucune recherche à cet égard, puisqu'on a un Plan détaillé des sondes faites

D

MÉMOIRE.

RÉPONSE.

qu'on voit les pompes s'élever au-deffus du pont, de fix à huit pouces, le fable répondant auffi durement que le tuf.

dans la rade de Dieppe, le 3 Mai 1777, & les jours fuivants.

Quant au danger pour les navires de talonner fur le fable & fur un galet remué à chaque marée, nous aimons toujours à penfer qu'il n'eft aucune perfonne impartiale, à qui il foit néceffaire de démontrer qu'il eft moins grand que celui de talonner fur le rocher.

Enfin la Falaife, loin d'être un obftacle à l'entrée des vaiffeaux dans le Port actuel, la leur facilite au contraire : elle eft pour eux un point fixe qu'ils diftinguent parfaitement, furtout dans les temps de brume & la nuit : elle leur indique le Port d'une manière certaine, en les mettant dans l'heureufe impoffibilité de ne jamais confondre le feu ou phare élevé fur la tête des Jetées, avec les lumières de la Ville. Non-feulement cet avantage n'exiftera pas à l'entrée du Port projeté ;

C'eft vouloir ériger en vertu jufqu'aux vices de la caufe que l'on défend, de dire qu'une Falaife, qu'un rocher, qu'un écueil placé près de l'entrée du Chenal, eft un grand avantage, parce qu'on voit cette Falaife de loin. Belle confolation pour un navire qui, la nuit, apperçoit de loin un écueil, de dire : Il faut que je faffe route fur cet écueil ; puis, quand je ferai au pied, je ferai de mon mieux pour l'éviter & entrer dans le Chenal !

Comment fait-on dans les autres Ports qui n'ont pas le bonheur d'avoir cette Falaife,

MÉMOIRE.

mais sa position éloignée de la
Falaise, occasionnera nécessairement l'inconvénient opposé:
les navires qui voudront entrer
la nuit, confondant, avec le
feu. ou phare des Jetées, les
lumières des maisons de la ville,
qui donneront sur les deux côtés du rivage, seront exposés
souvent à manquer le Port, &
quelquefois à se perdre.

RÉPONSE.

cet écueil touchant leur Jetée?
Cherbourg, Granville, le Havre,
Saint-Valery, Calais, Dunkerque, Ostende, &c.; tous ces
Ports, tous ceux de la Flandre,
de la Hollande, & tant d'autres
n'ont point ce prétendu avantage; & nous sommes bien sûrs
qu'ils ne le regrettent pas.

Ajoutons encore que, dans
les temps de brume, il est
impossible de voir les Falaises; que souvent même on en
touche le pied, sans les apper-
cevoir; & qu'ainsi elles ne sont pas un indicateur aussi sûr
qu'on l'avance.

Enfin, quand le temps sera assez clair pour découvrir les
Falaises, le navire faisant pour le Port nouveau, verra celle
de l'Est & celle de l'Ouest; il se dirigera au milieu de ces
deux écueils, qu'il sera bien sûr de ne pas aborder. Il verra
le phare au milieu, qui lui indiquera le point fixe où il doit
arriver; & très-sûrement sa sécurité sera beaucoup plus
grande que par l'ancienne Passe, puisque le point où il devra
arriver, est à plus de trois-cents toises de chaque Falaise;
pendant que le Chenal actuel est au pied de celle de l'Est.

Quant à la crainte de confondre le feu de la Jetée avec
ceux de la Ville, on a oublié, en faisant cette objection, que
le feu de la Jetée a des éclipses périodiques qui le distin-
guent; qu'il sera plus élevé que tous les autres feux; qu'il
sera plus avancé; & qu'il est même défendu par les Ordon-
nances, d'avoir des feux du côté de la mer.

On ne voit pas comment les adverfaires ne fe font point
apperçus que les brumes, dont ils parlent, militent directement contre leur fyftême. Dans les temps de brume, on ne
voit les côtes, que quand on les touche, pour ainfi dire;
& un navire qui veut entrer dans le Port, ne peut être alors
dirigé que par le bruit que l'on fait fur la Jetée, foit en
frappant fur un canon, foit par tout autre moyen. Ce bruit
n'indiquant au navire que le point à-peu-près où il doit arriver, il eft important que ce point ne touche pas la Falaife
& les rochers; fans quoi le navire pourroit fe diriger deffus.
La nouvelle Paffe, au contraire, étant à trois-cents toifes de
chaque Falaife, s'il fe trompe de quelques toifes, il pourra,
en approchant, corriger fa marche, puifqu'il trouvera plus
d'eau à l'Eft des nouvelles Jetées, qu'il ne s'en trouve à l'Eft
de la Paffe actuelle.

Enfin, on peut encore remarquer que, dans les temps de
brume, le milieu des vallées fe diftingue toujours par un
peu plus de clarté; & que, dans les temps feulement ob-
fcurs, la Falaife porte une ombre qui empêche de voir les
Jetées actuelles.

MÉMOIRE.

Telles font, fans doute, les
réflexions que fait naître dans
l'efprit de tout homme impartial, la lecture du Mémoire de
1777; & il eft plus que probable
que MM. le Chevalier d'Arcis
& de Borda, de l'Académie
des Sciences Françaifes, en-
voyés fur les lieux par le Gou-

RÉPONSE.

Ce n'eft point fur un état ou
tableau des naufrages qui font
arrivés au Port de Dieppe,
que MM. d'Arcis & de Borda
ont condamné la Paffe actuelle,
& approuvé la nouvelle: des
hommes auffi inftruits ne fe
laiffent pas perfuader par un
Mémoire, par des mots qui
n'éblouiffent que le vulgaire:

MÉMOIRE.   *RÉPONSE.*

vernement , n'euffent jamais
donné leurs fuffrages à la nouvelle entreprife , s'ils n'euffent
ajouté foi à l'expofé du Mémoire relatif à la multiplicité
des naufrages : expofé infidèle
& inexact ; & fur-tout fi les
Marins leur euffent démontré,
comme ils l'auroient fait inconteftablement , que les naufrages par les vents , & dans les
circonftances dont parle le Mémoire , feroient plus fréquents,
leurs fuites plus funeftes , les
moyens de fecours beaucoup
plus difficiles à l'entrée de la
nouvelle paffe.

c'eft en voyant le local , qu'ils
ont jugé la queftion. Il n'eft
pas befoin de plans , ni de Mémoires pour juger de la bonté
d'un Port, quand on eft fur les
lieux : le jugement même eft
toujours porté avant qu'on com-
mence le projet ; ou plutôt on
ne fait un nouveau projet , que
quand on a été frappé fur les
lieux , des inconvénients de
l'ouvrage exiftant. Enfin, tous
les hommes qui font inftruits,
jugent ces queftions fur le terrain , & tous ceux qui font venus à Dieppe , tous les étrangers qui n'ont point de préju-
gés , ni d'intérêt , ont trouvé &
trouvent encore tous les jours ,
que la nouvelle Paffe eft le plus
heureux projet qu'on puiffe
exécuter pour le Port de
Dieppe.

Le vuide & l'illufion du principal motif fur lequel fe font
appuyés les Auteurs du Mémoire de 1777 , ainfi démon-

Nous efpérons que le vuide &
l'illufion, s'il en exifte dans cette
difcuffion , ne font pas démontrés de notre côté ; puifque tous

MÉMOIRE.	*RÉPONSE.*
trés , il ne s'agit plus que de s'occuper des obfervations du 4 Mars 1779.	les hommes inftruits , tous les étrangers ont approuvé la nouvelle Paffe , & que tous les moyens de défenfe des Adverfaires , fe réduifent à tout blâmer, d'un côté , à tout louer, de l'autre, fans obferver aucune mefure : manière ordinaire de fe battre quand la çaufe eft mauvaife.
Les Rédacteurs , de leur réfultat , ont confidéré le nouveau projet fous deux points-de-vue : 1°, Relativement au dehors du Port ; 2°, Par rapport à l'intérieur.	A-la-bonne-heure !
DEHORS DU PORT.	*DEHORS DU PORT.*
Les courants , les vents , le giffement des côtes & des rochers étant les principaux objets à confidérer , relativement à la pofition extérieure d'un Port : c'eft fous ce triple afpect que l'ont envifagé les Rédacteurs des obfervations. — Suivons, comme eux , cette marche fimple & didactique.	Suivons auffi.

MÉMOIRE.

DES COURANTS.

Les courants, foit d'èbe, foit de flot, ont paru aux Rédacteurs, donner, 1°, un avantage à la Paffe projetée ; 2°, ils ont annoncé que les difpofitions par eux projetées dans l'intérieur du Port , rendroient ces mêmes courants beaucoup moins fenfibles à la tête des nouvelles Jetées.

Mais d'abord , en général , ces courants n'ont jamais formé un obftacle réel, foit pour l'entrée, foit pour la fortie des navires ou bateaux; & enfuite les courants qui exiftent au bout de la Jetée du Port actuel, font, aux yeux des Marins expérimentés , extrêmement utiles , lorfque les navires font obligés

RÉPONSE.

DES COURANTS.

Les digues de barrage qu'on a faites en 1787, ont prefqu'anéanti le courant dans l'intérieur du Chenal : c'eft une chofe de fait , dont tout le monde convient. Ainfi, ce qu'on s'étoit promis des difpofitions projetées , dans l'intérieur du Port , eft entièrement réalifé : ce qui doit mériter la reconnoiffance pour les Auteurs des nouveaux projets , & infpirer de la confiance pour la fuite.

Il eft poffible , fans doute , que, par un certain vent, dans une circonftance particulière, un violent courant à la tête des Jetées, puiffe fervir pour faciliter la fortie & même l'entrée du Port, parce que chaque chofe, dans ce monde, a fon pour & fon contre ; & , pour porter un jugement fain, il faut balancer les inconvénients & les avanta-

MÉMOIRE.

de fortir par un vent de Nord-
Nord-Eft. De ces fortes de
vents , ils doublent toujours
avec peine la pointe ou Cap de
l'Ailly ; & fi les courants font
infenfibles à l'entrée des nouvelles Jetées , alors ou les navires refteront au Port; ou bien
après leur fortie , ils ne pourront jamais venir à bout de doubler le cap , & refteront , par
conféquent , expofés à tous les
dangers de la côte.

Les courants donc procurent
plus d'avantages , qu'ils n'entraînent d'inconvénients.

DES VENTS.

Les Rédacteurs des obfervations commencent par convenir que, foit pour l'entrée, foit
pour la fortie , la pofition du
Port

RÉPONSE.

ges. Or , s'il arrive un feul jour
dans l'année , où le violent courant puiffe fervir , il incommo-
dera tous les autres jours, puifque les courants ou verholes en
général , pouffent à la côte, &
que le navire qui fe trouve pris
par ce courant, ne peut prefque
plus fe gouverner.

Les courants entraînent donc
plus d'inconvénients , qu'ils ne
procurent d'avantages : d'ailleurs il en reftera bien affez à la
tête des nouvelles Jetées , pour
le fervice qu'on en peut tirer.

DES VENTS.

Cet article prouve l'impartialité des Rédacteurs des obfervations : il feroit à defirer que
tout le monde les imitât. Il y a
toujours

MÉMOIRE.

Port projeté, abftraction faite du giffement des côtes, ne préfente pas plus d'avantages que d'inconvénients. Ainfi, fous ce point-de-vue, en le fuppofant exact, il n'y avoit aucune raifon plaufible pour innover.

Ils prétendent cependant que, pour l'entrée par des vents d'Eft-Sud-Eft au Sud-Sud-Eft, les navires rangeront la Jetée de l'Eft projetée de plus près l'amure à bas-bord. Ils allèguent les rochers à l'Eft des Jetées actuelles, les calmes ou faux vents qu'occafionne à leur entrée, la proximité de la Falaife, & ils trouvent le même avantage pour la fortie, avec des vents du Nord - Oueft au Nord.

RÉPONSE.

toujours cent faces, fous lefquelles on peut comparer des objets de cette importance, & il doit y en avoir qui préfentent une parité d'avantages: il pourroit même s'en trouver fous lefquelles l'avantage refteroit à l'ancienne Paffe, & que cependant on finît par la condamner; parce que c'eft la fomme des avantages & des inconvénients, qui doit règler le jugement.

Il eft inconteftable que les rochers qui font fitués tout à côté de la Jetée actuelle de l'Eft, & qui même la dépaffent, doivent nuire dans certaines circonftances, & empêcher les navires de s'approcher de la terre, autant qu'ils le feront par la nouvelle Paffe: mais ce cas étant un peu rare, on n'a pas voulu en faire un argument important; & c'eft encore une preuve de la mefure que les Rédacteurs ont obfervée dans leur rapport.

E

MÉMOIRE.

RÉPONSE.

On a démontré , en traitant des naufrages, le vuide des objections relatives à l'entrée des navires par les vents d'Eft-Sud-Eft confidérée par rapport aux rochers , calme & faux vents: on ajoutera feulement que , pour attaquer le Port actuel par les mêmes vents , il n'a jamais exifté le plus léger inconvénient ; on y entre même fur les deux bords de vent de Sud-Sud-Eft, & fans le moindre danger.

Les Rédacteurs ne prétendent pas qu'il y ait un véritable danger à attaquer le Port, par des vents d'Eft-Sud-Eft ; mais feulement qu'il y auroit un petit avantage fur l'angle de route : & il fuffit, pour s'en convaincre, de confidérer les rochers qui dépaffent la Jetée actuelle de l'Eft ; rochers qui n'exifteroient pas à l'entrée de la nouvelle Paffe.

Les vents d'Eft-Sud-Eft & Sud-Sud-Eft qui viennent de Puits, & que l'on vante être fi propices au Port actuel, le feront bien davantage dans le Port projeté, en ce que , dans le dernier , on y entrera bas-bord-amure, vu qu'il n'y aura pas de roches à craindre au bout de la Jetée de l'Eft , ni de poulier le long de la Jetée de l'Oueft ; & que, dans le Port actuel, il faut de toute néceffité y entrer tribord-amure , & c'eft fur ce bord que l'on court des rifques.

Quant à la fortie par des vents de Nord-Nord-Oueft , elle eft très-facile & très-praticable dans le Port actuel, par le moyen d'un renvoi de marée. Cet avantage eft attaché au lo-

On dira la même chofe pour la fortie des vents de Nord-Nord-Oueft : elle n'eft pas très-dangereufe ; mais elle le fera encore moins, parce qu'il y aura plus d'eau à l'Eft des Jetées , qu'il n'y en a maintenant, & que

cal , & on s'en trouvera abfolument privé dans la nouvelle
Paffe.

l'échouage , s'il avoit lieu , ne
feroit pas auffi dangereux : il
n'eft pas exaƈt d'ailleurs, qu'il n'y
aura plus de renvoi de marée ;
on a dit feûlement qu'il feroit
un peu diminué , & c'eft un grand bien.

A l'égard de la fortie des navires ou bateaux , avec des
vents de Nord-Oueft & Nord-Nord-Oueft , ils fortiront
avec plus d'avantage par la nouvelle Paffe; parce qu'y ayant
plus d'eau , & les dangers qui exiftent à l'Eft de la Paffe actuelle , ne fe trouvant pas dans celle projetée, il eft évident
que les navires fortiront plus tôt, & profiteront du flot plus
long-temps pour s'élever en mer.

Enfin , en terminant cet article des vents , on obfervera
que la Rade de Dieppe fe trouve , fous Saint-Nicolas , par
les fept ou huit braffes d'eau.
Or le Port neuf fe trouvant
plus rapproché à l'Oueft, les navires qui y feront mouillés , auront à peine levé leurs ancres
& appareillé à la marée montante, qu'emportés par les courants,très-rapides dans les grandes mers, ils fe trouveront tout-

Un navire mouillé fous Saint-
Nicolas, avec des vents d'Oueft-
Nord-Oueft & Nord - Oueft ,
qui a envie de venir au Port,
ne peut lever fon ancre pour peu
qu'il vente , & qu'il ait grande
marée de flot : il faut donc qu'il
attende qu'il foit pleine mer, &
même jufant avant d'appareiller.
Alors il viendra avec plus d'a-
vantage dans la Paffe projetée,
puifqu'il y trouvera plus d'eau,
& que la Paffe fera moins éloignée.

à-coup portés fous le vent de leur Port, ou obligés, pour éviter cet inconvénient, (quin'a jamais
lieu par la pofition plus à l'Eft du Port actuel) de
couper leurs cables.

MÉMOIRE.

Du giffement des Côtes & des Rochers.

Les feuls rochers à confidérer, par rapport à l'entrée
& à la fortie du Port, font
ceux du Cap de l'Ailly, à
l'Oueft de Dieppe.

Ce Cap, par rapport au
Port actuel, dont il eft éloigné
d'environ une lieue & demie,
fe trouve dans l'Oueft-quart-
Sud-Oueft; par conféquent ce
Port, par rapport à lui, eft fitué
à l'Eft-quart-Nord-Eft.

RÉPONSE.

Du giffement des Côtes & des Rochers.

Les feuls rochers à confidérer, quand la nouvelle Paffe
fera faite, feront ceux du Cap
de l'Ailly : mais, dans ce moment,
il faut encore confidérer ceux
qui touchent la Jetée de l'Eft.

Le Cap de l'Ailly eft éloigné
de la tête de la Jetée actuelle de
l'Oueft, d'environ quatre mille
quatre-cents toifes : ce qui, au-
lieu d'une lieue & demie, fait
à-peu-près deux lieues, en prenant le chemin le plus court, qui
eft la ligne droite.

Ce Cap n'eft point fitué à
l'Oueft un quart-Sud-Oueft, mais bien à l'Oueft un peu
moins du huitième Sud-Oueft; & la tête de la Jetée, à l'Eft
un peu moins d'un huitième Nord-Eft, par rapport au
même Cap.

Nota. On pourroit le fuppofer bien orienté fuivant les Rédacteurs du Mémoire; & l'on va indiquer ci-après, l'erreur qu'ils auroient faite dans la pofition du nouveau projet.

MÉMOIRE.

Or, 1°, un navire venant de l'Oueſt, & doublant l'Ailly, forcé de ſerrer la terre, & trouvant, plus il en approche, les vents plus contraires, porte avec beaucoup de peine au Port actuel.

Mais! cette difficulté ne ſera-t-elle pas beaucoup plus grande, lorſqu'un navire venant de l'Oueſt, voudra faire pour le Port projeté?

La pointe de l'Ailly ſe trouvera, par rapport à lui, dans l'Oueſt, au-lieu de l'Oueſt-quart-Sud-Oueſt, poſition du Port actúel, par rapport au même Cap. Voilà donc néceſ-ſairement un quart de rumb de vent de différence, & par ſuite, une plus grande difficulté de gagner le Port, de la même

RÉPONSE.

Si on ſuppoſe un Capitaine qui n'eſt pas pratique, & qui donne grand tour au Cap de l'Ailly, avec des vents de terre, peu importe où ſera placé le Chenal, puiſqu'il ne pourra porter ni à l'un ni à l'autre. Mais, ſans cela, un Capitaine ſera toujours le maître de ſe procurer l'entrée, par l'une ou l'autre Paſſe.

Non: la difficulté ſera la même.

La pointe de l'Ailly ſe trouvera, par rapport à la Jetée de l'Oueſt du nouveau projet, dans l'Oueſt, à peu près un ſeizième Sud-Oueſt, au-lieu de l'Oueſt huitième Sud Oueſt; poſition du Port actuel, par rapport à ce Cap: ce qui ne fait que deux degrés quarante-huit minutes quarante-cinq ſecondes: d'où il ſuit qu'un navire ne ſera pas géné

marée. Delà la néceffité pour les navires ayant manqué le Port, de mouiller fur rade, pour attendre la marée fuivante; ce qui les expofera à recevoir les coups de vent Nord-Nord-Oueft forcés & en tempête, fuite ordinaire des vents de Sud & Sud-Sud-Oueft qui les auront amenés.

pour rattraper cette différence fur quatre mille quatre - cénts toifes à-peu-près de longueur ; qu'il ne lui faudra qu'un inftant; ce qui ne l'obligera sûrement pas à refter en rade, afin d'attendre la marée fuivante pour entrer dans le Port. Il fuffit de jetter les yeux fur le plan de la côte, depuis le Cap de l'Ailly jufqu'à la tête de la Jetée de Dieppe, pour voir qu'il y a prefque parité d'avantages, même fous ce rapport: & fi l'on convient de quelque différence, c'eft uniquement pour ne rien diffimuler ; d'autant que la très-petite perte en queftion, fera plus que balancée par la facilité qu'auront les navires, de louvoyer & d'entrer une heure plus tard que par la Paffe actuelle. Ainfi, tous les malheurs qu'on annonce pour les navires venant de ce côté, n'exifteront que dans cet écrit.

2°. Les navires fortant du Port actuel pour gagner l'Oueft, le font d'autant plus aifément, que le Port eft plus large, plus long, & leur laiffe toujours la reffource d'un reftant de marée néceffaire pour les foutenir au vent : ils fortent, & dou-

Ce fera la même chofe pour le Port projeté, puifque la différence n'eft pas fenfible.

Mais on ne voit pas pourquoi un Port long & large donne plus de facilité pour fortir, & profiter d'un refte de marée. Si le Port eft large, il contiendra plus de navires ; & fi le Chenal

blent le Cap de l'Ailly avec les vents de Nord-Nord-Eſt; puiſque ce Port, par rapport à ce Cap, eſt à l'Eſt-quart-Nord-Eſt.

Mais les navires ſortant du Port projeté, pour gagner les mêmes parages, ayant à traverſer une Paſſe plus étroite, plus courte, perdront la reſſource des courants pour les ſoutenir au vent; & cette Paſſe ſe trouvant, par rapport à l'Ailly, ſituée dans l'Eſt, ils perdront auſſi, eu égard à l'ancienne, un quart de rumb de vent.

eſt long, (car la longueur ne peut s'entendre que du Chenal) il en ſera plus de temps à gagner le large: mais pour ſortir plus tôt, & profiter d'un reſte de marée, il faut que le navire puiſſe ſortir pendant que la mer monte: c'eſt un avantage que les nouveaux projets ont procuré par le barrage de la vallée. Tout le monde ſait qu'avant ce travail, les navires ne pouvoient entrer qu'avec le flot, & ſortir qu'avec l'èbe; au-lieu que, depuis ces travaux, ils ne conſultent plus que le tirant d'eau du navire, ſoit pour entrer, ſoit pour ſortir. Cet avantage augmentera encore beaucoup par la nouvelle Paſſe, parce qu'y ayant huit pieds plus d'eau dans le Chenal, les navires entreront & ſortiront plus tôt & plus tard, que par la Paſſe actuelle.

La nouvelle Paſſe ſera de même largeur que l'ancienne, & même un peu plus grande; car il ne faut pas conſidérer la largeur de la Paſſe actuelle, d'un mur à l'autre, puiſque le galet en obſtrue plus de la moitié: il ne faut conſidérer que le vuide que font les Ecluſes de chaſſe; vuide qui n'eſt que de dix-huit à dix-neuf toiſes au plus: & comme elles feront plus d'effet, quand elles chaſſeront devant elles, il ſera très-facile d'entretenir le

Chenal fur vingt toifes de largeur, toujours parfaitement purgé de galet.

Enfin, les navires ne perdront que deux degrés & demi environ ; & ce petit défavantage fera plus que compenfé par le grand avantage de pouvoir fortir & entrer une heure plus tôt, & une heure plus tard.

MÉMOIRE.	*RÉPONSE.*
Cependant, difent les Ré-dacteurs des obfervations, il a été tiré deux lignes droites à la tête des Jetées d'Aval, de l'une & de l'autre entrée ; & les deux angles qu'elles ont formés, n'a donné entr'eux qu'une diffé-rence peu fenfible, de trois degrés. Cette affertion eft	Ce qu'on a avancé, on le prouve par le plan ci-joint, de la côte, depuis le Cap de l'Ailly jufqu'à la tête de la Jetée de Dieppe. Il faut, pour le dé-mentir, prouver que l'angle tracé eft faux ; & cela ne peut fe faire que fur place, le gra-phomètre à la main.

inexacte ; la pofition refpective des deux Jetées étant, par rapport à l'Ailly, très-ftrictement celle que nous avons indiquée ci-deffus, il eft de la der-nière évidence, que la différence de l'angle eft né-ceffairement de huit degrés, au-lieu de trois.

Quant à l'ouverture qu'un Ca-pitaine doit donner, lorfqu'il fe trouve avec fon navire fous la pointe de l'Ailly, elle doit être telle que le réfultat des obfervations la défignent.	Inconteftable, quand les ob-fervations font juftes & bien faites.
Mais	Nous

MÉMOIRE.

Mais, si les Capitaines qui connoissent les atterrages, en prenant les amets indiqués dans les observations, seront dans le cas d'arriver également à l'un comme à l'autre Port ; il faut convenir, d'un autre côté, que les Capitaines étrangers, qui redoutent toujours ce Cap, donnent plus de tour pour le doubler, que par conséquent, ils attaqueront toujours plus facilement l'ancien Port, que le nouveau.

Au surplus, comme il pourroit paroître étonnant que les Marins trouvassent plus de difficulté de doubler l'Ailly, en sortant du Port projeté, par un vent de Nord-Nord-Est, tandis que l'on convient qu'ils peuvent y entrer par un vent de Sud-Sud-Ouest ; on répondra que des vents de Nord-Nord-Est, la mer étant toujours plus grosse,

RÉPONSE.

Nous avons prouvé que la différence étoit infiniment petite ; que le très-léger désavantage qui en résultoit pour la nouvelle Passe, étoit plus que racheté par la facilité qu'aura le navire, d'entrer ou de sortir du Port, une heure plus tôt, & une heure plus tard que par la Passe actuelle.

Nous ne ferons pas, comme les Adversaires, qui ne trouvent rien de bon dans le projet que nous défendons, & qui, au contraire, y trouvent tout mauvais : nous convenons que les vents de la partie du Nord rendent la mer plus dure sur nos côtes, que ceux qui viennent des terres.

F

les navires dérivent beaucoup plus ; inconvénient auquel ils ne font pas expofés par des vents de Sud-Sud-Oueft, la mer étant alors plus douce & plus tranquille, par l'abri de la côte.

MÉMOIRE.

En fuivant, pas-à-pas, la marche du Rédacteur des ob-fervations, ce feroit ici le lieu de parler de la différence, de la quantité d'eau qui entrera dans les deux Ports ; de répondre à ce qui eft objecté relativement aux rochers qui fe trouvent à l'Eft : mais on eft déjà entré dans les plus grands détails fur le dernier de ces deux points, en traitant des naufrages ; & le premier étant un des objets relatifs à l'intérieur du Port, il y fera traité & difcuté.

Mais, avant de terminer cet article, il convient de faire envifager le plus grand des in-convéniens qui eft attaché à l'ouverture de la nouvelle Paffe; inconvénient fur lequel le Mé-moire de 1777 & les obferva-tions de 1779 gardent le plus profond filence.

RÉPONSE.

Comme nous fuivons pas-à-pas le Rédacteur de ce Mé-moire, & qu'il n'y a rien dans ces deux articles, à éclaircir, nous paffons à d'autres.

MÉMOIRE.

On avoit annoncé depuis long-temps, que, précisément vis-à-vis de l'endroit où l'on se propose d'ouvrir la Passe projetée, il se trouvoit un banc de roc & de sable à une distance bien peu considérable; que ce roc, par sa position, exposeroit les navires, bateaux & chaloupes, aux plus grands dangers, soit pour l'entrée, soit pour la sortie. Plusieurs Marins assuroient avoir passé sur cette roche, y avoir trouvé la mer plus houlleuse & plus difficile que dans tout autre endroit de la rade. Pour s'assurer enfin de son existence & des suites terribles que sa position, précisément à l'entrée du Port, pourroit occasionner, trois Capitaines de navires & plusieurs Pilotes lamaneurs s'y sont rendus avec la sonde; & voici le résultat de leurs observations.

RÉPONSE.

Nous croyons connoître mieux que les antagonistes, le fonds de la rade de Dieppe, puisque nous avons un plan des sondes faites avec le plus grand soin, le 3 Mars 1777, & jours suivants.

Une très-petite portion de la rade, en face de la nouvelle Passe, offre effectivement à la sonde, une résistance qui l'a fait désigner sous le nom de roc, dans le Plan des sondes ci-joint : mais, comme ce terrain est au niveau du reste de la rade; qu'il est couvert de quatre & cinq pieds d'eau, dans les basses-mers ; & qu'il ne peut gêner en rien l'entrée des navires dans le nouveau Chenal, on n'avoit point cherché à constater la nature de ce roc.

Cependant, depuis qu'on a voulu en faire une objection importante, on a tâché, par différents essais, de connoître la nature de ce roc, comme on le voit par le procès-verbal joint à la fin de ce Mémoire.

On n'a trouvé que des amas

F 2

de bittes ifolées, de gros galets roulés, débris des Falaifes, femblables à ceux qui fe trouvent à la laiffe des baffes-mers de vive-eau, le long des côtes, & principalement dans les anfes où les Entrepreneurs du Port vont chercher celles qu'ils emploient dans la maçonnerie. Ces bittes dont on voit plufieurs toifes cubes, approvifionnées fur le Perré, font de *filex*, plus ou moins rondes, couvertes d'herbes marines & de glands de mer. Accumulées à la laiffe de baffe-mer, & dans les anfes où elles font retenues par leur maffe, elles ne relèvent pas pour cela la plage; & fi on les les pofoit fur un fol uni, elles rouleroient dans les gros temps, jufqu'à ce qu'elles trouvaffent une retraite qui les mît à l'abri : cela eft parfaitement conforme aux loix de la nature, & à ce que nous voyons ici. Effectivement, il eft inconteftable que la vallée d'Arques étoit beaucoup plus profonde autrefois; qu'elle s'eft relevée comme toutes les vallées du monde, par des alluvions fucceffives; ce qui prouve que les Falaifes ne doivent point fe trouver au milieu de cette vallée, & même que la nature de ces alluvions doit varier felon qu'elles font éloignées de la mer. Les alluvions, dans le fonds de la vallée, doivent être de fable que la mer charrie avec facilité : fous la ville, elles doivent être de galet; & les bittes, les gros cailloux que leur maffe n'a pas permis de porter très-loin, doivent s'être arrêtées à l'embouchure de la vallée. Ainfi le fait eft d'accord avec le raifonnement.

Au furplus, ce lit de bittes ne peut gêner en rien. 1°. Il eft toujours couvert de quatre à cinq pieds d'eau, pendant que les rochers à l'Eft de la Paffe actuelle découvrent de quatre & cinq pieds : ce qui fait une différence de huit & dix pieds.

2°. Cela ne peut occafionner de brifants, ni rendre la mer plus dure; puifque ce lit de bittes eft au niveau du refte de la plage.

3°. Le nouveau Chenal ne pouvant se creuser qu'au niveau des basses-mers de vive-eau, & le lit de bittes en question étant encore plus bas de quelques pieds, il ne peut nuire en aucune manière, à l'entrée des navires.

MÉMOIRE.	*RÉPONSE.*
Ils ont trouvé, en partant de l'Est, & allant droit à l'Ouest, précisément vis-à-vis la digue de garantie, & à un jet de pierre de l'ouverture de la nouvelle Passe, un banc de roc & grès, qui s'étend sur une longueur d'environ 200 toises, sur plus de 20 brasses ou 100 pieds de largeur.	Cette déclaration est à-peu-près conforme au plan des fonds que nous avons : mais à quoi pourroit nuire un banc de marne ou de bittes, éloigné de plus de cent toises du Chenal, & qui seroit quatre à cinq pieds au-dessous des plus basses-mers de vive-eau, plus bas que ne pourra jamais être le fond du Chenal, & qui est enfin au niveau de la rade ?

Le Procès-verbal du pieu chassé à quarante-une toises de l'estacade, va, par un calcul simple, dissiper toutes les inquiétudes.

Le 25 Juillet 1789, entrant dans le quatrième jour de Lune, la mer étant haute à une heure cinq minutes après-midi, elle a monté vingt-trois pieds trois pouces au-dessus du pied de la digue, ou estacade construite pour l'enceinte de la nouvelle Jetée, ci » » » » » » » 23 pieds 3 pouces.

Le même soir, à la mer-basse, il a été battu en moins de dix-huit minutes, un pieu de dix pieds de longueur, à quarante-une toises de cette digue, dont le dessus est plus bas que le pied de ladite estacade de » » » » » » » » » 4   11

            28   2

En l'autre part 28 pieds 2 pouces.

Le pieu étant entré facilement,
on doit croire qu'il n'a pas trouvé de
la roche: pourquoi il faut porter toute
la longueur, ci » » » » » » » » » » » 10

38   2

Mais les jours de grande marée
d'équinoxe, la mer monte plus haut
que ce jour, d'un pied quatre pouces :
il convient donc de les porter ici, ci » 1   4

TOTAL » » » » » » 39   6

Il y a donc du dessus des plus hautes-mers d'équinoxe au-
dessous du fond du pieu, trente-neuf pieds six pouces, sans
rencontrer le sol ou roche. Or, on ne demande que trente
pieds d'eau aux têtes des Jetées : le Port pourroit donc se
creuser en avant desdites Jetées, de neuf pieds six pouces,
sans rencontrer la roche qu'on a donné comme un obstacle
invincible pour la construction du nouveau Port.

MÉMOIRE.

RÉPONSE.

Des deux côtés de ce banc,
il en existe deux autres, de
sable, couverts lors de la visite
des Capitaines & Pilotes:savoir;
celui de roc, de trois pieds &
demi d'eau, & ceux de sable,
d'environ cinq pieds; & enfin,
au large du banc de roches,

Il n'existe point dans la rade
de Dieppe, ce qu'on peut appeller des bancs; la rade est en
général très-unie, comme on
le voit par le plan des sondes :
seulement le terrain pourroit
changer de nature à la superfi-
cie, selon les vents. Quand la mer
est tranquille & basse, on ne voit

MÉMOIRE.

se trouve un autre banc de sable qui l'excède d'environ sept
à huit pouces.

RÉPONSE.

que du sable, sur lequel les Pêcheurs vont chercher des vers,
à marée-basse ; & plus loin ils
vont avec leurs *bouteux*, pêcher
des salicoques ; pêche qui ne
peut se faire que sur un fonds uni.

Quand la mer est très-tourmentée, alors le sable disparoît :
le lit de bittes se découvre, & le fonds de la plage, quoique
raboteux, reste toujours sur une pente uniforme.

Si , avant de décider l'ouverture de la nouvelle Passe ,
on eût fait cette découverte ,
certainement on en eût aban-
donné le projet.

Avant de décider l'ouverture
de la nouvelle Passe , on s'étoit
assuré par des sondes , qu'il n'y
avoit point de rochers , du moins
à une hauteur qui pût nuire ;
comme on le voit par le Plan
déjà cité, du 3 Mai 1777 , &
jours suivants. L'inspection seule du local suffit même , pour
donner à cet égard, la préférence à la nouvelle Passe, puisque
dans le temps des équinoxes, où la mer se retire plus bas, on
n'y a jamais vu de bancs de rochers (ce qui est démontré
par le pieu chassé) ; au-lieu que le fonds de la Passe actuelle est, d'un bout à l'autre, un rocher élevé de quatre,
cinq & six pieds au-dessus des basses-mers de vive-eau, sur
lequel on marche, qu'on voit des yeux, & qu'on touche des
pieds & des mains.

48

MÉMOIRE.

Et en effet les vents étant
des parties depuis l'Oueſt paſ-
ſant par le Nord, juſques &
compris le Nord-Eſt, la mer
y eſt plus impétueuſe que dans
tout autre endroit de la rade.
Les navires & grands bateaux,
ſoit pour l'entrée, ſoit pour la
ſortie, y courront les plus
grands dangers. Ce ſeront ſur-
tout les Pilotes lamaneurs,
dont les fonctions ſont ſi im-
portantes & ſi néceſſaires, qui
s'y trouveront les plus expoſés.
A peine y a-t-il de l'eau dans
le Port, qu'ils en ſortent avec
leur frêle barque, pour aller
au-devant des navires. S'ils ſortent avec peu de vent, ils trouveront ſur ces bancs de roc &
de ſable, une mer plus groſſe

RÉPONSE.

Tous ces malheurs ne me-
nacent que la Paſſe actuelle,
puiſque c'eſt là que la mer a le
moins de profondeur, & que
ſon fonds eſt viſiblement du rocher. A-t-on jamais vu aucuns
bâtiments, aucuns bateaux pêcheurs, pendant la harengaiſon,
perdre leurs ancres à l'endroit
dont on parle? leurs cables ont-
ils été coupés par les bas-fonds?
On voit cependant, ſur ces endroits, qu'on ſuppoſe dánge-
reux, ces bateaux ſouvent char-
gés de poiſſon, attendre à l'ancre, l'inſtant de la mer montante pour entrer dans le Port,
ſans qu'ils y ſoupçonnent le
moindre danger! Avouons donc
qu'on ne peut s'empêcher de convenir, que c'eſt une exagération
ridicule & imaginaire.

& plus courte que dans tout autre endroit; & il
leur ſera impoſſible de ſurmonter le paſſage. S'ils
rentrent avec un vent un peu forcé, ils trouveront
au même endroit, une mer groſſe & agitée; ils
gouverneront à peine; & ſouvent ces bancs de

roc

roc & de fable feront leur tombeau : les navires
eux-mêmes, forcés d'y paſſer par un grand vent,
éprouveront une mer groſſe & maigre; quelquefois il leur deviendra impoſſible d'y gouverner; les
navires courront riſque de ſe perdre, ainſi que
leurs équipages. L'expérience a démontré que ces
triſtes effets ſont inévitables; que, dans tout endroit
de la mer où il exiſte un banc de ſable ou roche
plus élevé que le fonds, la mer y eſt plus clapo-
teuſe, plus groſſe; & il eſt palpable que ces effets
doivent être d'autant plus ſenſibles, que le banc eſt
plus près du niveau de la mer, & qu'il ſe trouve
peu d'eau dans l'endroit où il eſt ſitué.

MÉMOIRE.

Les dangers auxquels feront
expoſés les navires, bateaux &
barques, ne feront pas les ſeuls
inconvénients que ces différents bancs pourront occaſion-
ner. Le galet chaſſé par les E-
cluſes de chaſſe, pourra s'y
amonceler; il y trouvera un
point d'appui, & y formera par
la ſuite, un poulier ou maſſe
que rien ne pourra ébranler.

RÉPONSE.

Ceci eſt encore contre la Paſſe
actuelle, puiſque le fonds en
eſt plus élevé que celui de la
nouvelle Paſſe, & que le rocher
découvre de mer-baſſe, ſur-
tout du côté de l'Eſt : ce qui
fait un batardeau qui arrête le
galet que les Ecluſes & les
vents d'Oueſt chaſſent. Auſſi
exiſte-t-il toujours un banc de
galet qui barre l'entrée actuelle,
& qui ne s'échappe que quand
il eſt élevé au-deſſus de ces mêmes rochers qui font batardeau.

Ce font là des faits : tout le monde peut aller ſur le rocher
& ſur le banc de galet qui découvre de mer-baſſe, en face de

G

la Paffe actuelle ; pendant qu'à pareille hauteur, vis-à-vis la Paffe projetée, il y a toujours quatre à cinq pieds d'eau de mer-baffe, & un fonds très-uni.

MÉMOIRE.

Quoi qu'il en foit, il eft probable que l'exiftence de ces bancs de roc & de fable, connue depuis le commencement des travaux, a déterminé ceux qui les conduifent, à prolonger le moins poffible, les nouvelles Jetées.

RÉPONSE.

Les bancs de fable, ni même ceux du roc, dont on parle ici, n'ont pu déterminer la pofition des nouvelles Jetées, puifque les pieux de la digue de garantie, qui font le plus au large, font ceux qui ont enfoncé le plus facilement. On a mille témoins de ce fait : nous y ajouterons encore la preuve du pieu nouvellement chaffé à quarante-une toifes de l'eftacade. Si donc on n'a pas porté les Jetées plus en mer, c'eft uniquement par les raifons contenues dans le Mémoire lu à l'Affemblée des Ponts & Chauffées, en 1787 (1) ; raifons qui tiennent au principe des chofes, & non pas à des difficultés imaginaires.

Cependant on voit, dans le réfultat des Obfervations du 4 Mars, que MM. les Ingénieurs & les Capitaines qu'ils confultèrent alors, convinrent qu'il feroit avantageux de porter la tête des nouvelles Jetées le plus

La tête de la Jetée de l'Oueft fera à cinquante toifes de la tête de la Jetée de l'Eft, ainfi que cela eft demandé. Quant à la longueur du nouveau Chenal, elle eft fixée par les principes & l'expérience des autres Ports. Nous renvoyons encore

(1) Voyez ce Mémoire.

au large qu'il feroit poſſible ; fur cela, au Mémoire lu en
qu'il étoit néceſſaire fur-tout 1787.
que celle de l'Oueſt dépaſsât
l'autre, de 50 toiſes, ou 300
pieds.

Et en effet , plus les Jetées   Nous renvoyons encore au
feroient prolongées , moins le   même Mémoire. Au ſurplus, on
galet étoit dans le cas d'y péné- ſe trompe en diſant que le galet
trer , plus les navires entrant, entreroit moins dans le Port ,
ſe procuroient le temps nécef-   ſi les Jetées étoient plus longues:
ſaire pour faire les manœuvres,   il y entreroit également , dès
qui ſeules étoient dans le cas de qu'une fois il auroit gagné la tê-
les empêcher de s'aller briſer , te de la Jetée de l'Oueſt. Mais
ou contre la tête des Ecluſes, ou ſi le Chenal étoit trop long, les
contre les navires amarrés au   Ecluſes auroient moins de force
Quai ; enfin , plus la Jetée de   pour chaſſer le galet & appro-
l'Oueſt auroit dépaſſé celle de   fondir le Chenal ; & comme les
l'Eſt, plus les navires entrant a- eaux ont beſoin d'une pente pour
vec des vents de la partie du Sud- courir, & que cette pente eſt
au-Sud-Oueſt , auroient eu de   fixée d'un bout, par la laiſſe
facilité de donner un grêlin à   de baſſe-mer , il s'enſuit que,
terre, & de s'y appuyer avant   plus le Chenal ſera long , plus
de toucher à la Jetée de l'Eſt.   le fonds du Port ſera élevé, &
                                  moins il y montera d'eau. Effec-
                                  tivement, ſuppoſons à l'eau des
                                  chaſſes , trois lignes de pente
par toiſe : ſi un Chenal a cent toiſes de long , le fonds du
Port ſera élevé au-deſſus de la baſſe-mer , de trois-cents

lignes , faifant deux pieds un pouce ; & comme la mer s'é-
lève de trente pieds au-deffus de la baffe-eau , il en montera
dans ce Port, vingt-fept pieds onze pouces. Si le Chenal a
deux-cents toifes de longueur, il ne montera plus dans le
Port que vingt-fept pieds dix pouces : fi le Chenal a quatre-
cents toifes de long , il n'y montera plus que vingt-un
pieds huit pouces ; enfin , s'il avoit huit-cents toifes de
long , il n'y monteroit que treize pieds quatre pouces, &c.

On voit donc qu'il y auroit de grands inconvéniens à
faire le Chenal trop long , & qu'il exifte des principes dont
on ne peut s'écarter.

MÉMOIRE.

Pourquoi donc , malgré les
avantages que l'on trouvoit
alors à prolonger la Jetée de
l'Oueft , à lui faire dépaffer
celle de l'Eft , de 50 toifes, a-
t-on difpofé les chofes de manière , que la nouvelle Jetée de
l'Oueft fe trouvera , & moins
au large que celle de l'Eft du
Port actuel, & dépaffera moins
celle de l'Eft? Pourquoi? Parce
que l'on s'eft apperçu que ces
bancs de roc & de fable s'oppofoient à un pareil
prolongement ; que par conféquent il falloit renoncer à une opération qu'on avoit jugée aupara-
vant d'une abfolue néceffiré.

RÉPONSE.

La diftance de cinquante toifes entre les deux têtes de Jetées (1), eft fixée d'après la longueur que doit avoir le grélin fur
lequel le navire doit s'appuyer,
pour ne pas toucher la Jetée de
l'Eft ; & cette diftance exiftera
dans le nouveau projet : mais
l'hiftoire du banc de rocher qui
a empêché de fe porter plus au
large, eft fuffifamment réfutée &
anéantie.

(1) Au Tréport, à Dunkerque, la diftance entre les deux Jetées, n'eft que
de quarante-cinq toifes; à Fécamp, de 40, &c.

MÉMOIRE.

Enfin l'exiſtence ſeule de ces différents bancs rend l'exécution du nouveau projet abſurde, barbare même. Cet inconvénient fût-il le ſeul, il ſuffiroit pour le faire totalement abandonner : mais il en eſt encore qui entraîneront des déſaſtres d'un autre genre ; & c'eſt dans l'intérieur du Port, que les navires & bateaux y feront expoſés. (2)

RÉPONSE.

On ſait à quoi s'en tenir ſur l'exiſtence prétendue de ce banc ; & nous renvoyons aux réponſes ci-deſſus, & au Procès-verbal des ſondes. Mais, en l'admettant pour un moment, comme il ſeroit toujours caché ſous l'eau, & au niveau du reſte de la plage, il ne pourroit nuire à l'entrée des navires : c'eſt comme s'il exiſtoit à mille pieds au-deſſous de l'eau ; & quand il n'exiſteroit pas du tout, les navires ne pourroient entrer dans le Port une minute plus tôt ; parce que le fonds de la plage ſeroit toujours à la même hauteur, & que celui du Chenal, ne ſera jamais auſſi bas que le banc de

(2) A l'inſtant où ce Mémoire étoit ſur le point d'être rédigé, ſes Auteurs apprennent que non-ſeulement on aſſure que ces bancs de roc & de ſable n'expoſeront à aucuns dangers réels, les navires & bateaux, ſoit à leur entrée, ſoit à leur ſortie, mais même qu'on en nie l'exiſtence. Le fait eſt trop important pour ne pas mériter la plus exacte vérification ; & ſi Meſſieurs de la Chambre du Commerce, pour qui ce Mémoire eſt ſpécialement deſtiné, trouvent qu'il mérite d'être pris en conſidération, il leur ſera facile de s'aſſurer de la vérité du fait, en ordonnant un procès-verbal exact & circonſtancié, de la ſituation préciſe de ces différents bancs, de leur nature, du plus ou moins de diſtance où ils ſe trouvent du niveau de la mer, ſoit d'èbe, ſoit de flot. Ne ſeroit-il pas même très-ſage, pour éviter tout ſoupçon, d'ordonner que cette viſite ſe fit en préſence de ceux que l'on connoît les plus attachés au nouveau Projet ?

cailloux. Le rocher qui retarde véritablement l'entrée des navires, c'est celui qui tapisse le fonds du Chenal actuel ; parce qu'il est élevé de quatre, cinq & six pieds au-dessus de la laisse de basse-mer, & que lorsqu'elle a déjà monté de cinq à six pieds, elle n'est encore qu'au niveau des rochers ; pendant que, dans la nouvelle Passe, il y aura déjà à cette époque, huit à neuf pieds de hauteur d'eau pour le passage des navires. Il est donc absurde & barbare (pour nous servir des termes du Rédacteur) de s'y opposer.

Enfin, si les navires peuvent passer pardessus les rochers qui tapissent le Chenal actuel, ils passeront vraisemblablement bien aussi pardessus celui qui est de neuf à dix pieds plus bas.

MÉMOIRE.	*RÉPONSE.*
Nouvelle Entrée considérée par rapport à l'intérieur du Port.	*Nouvelle entrée considérée par rapport à l'intérieur du Port.*

Tout homme impartial sera forcé de convenir qu'un navire entrant dans la Passe projetée, par un vent forcé, soufflant du large, sur-tout par un vent de Nord - Ouest au Nord-Nord-Ouest, par exemple, par lequel il sera forcé, pour gouverner, de porter autant de voiles qu'il est possible,

Un homme impartial n'avancera pas un fait, sans s'appuyer sur des exemples & des principes : le Chenal auroit deux lieues de long, qu'on pourroit dire : les navires se briseront en entrant dans le Port. Au surplus cet article est discuté dans le Mémoire lu en 1787, & nous y renvoyons.

ira souvent se briser contre les Ecluses ou contre

les Quais, ou enfin contre les navires ou bateaux
qui feront amarrés.

MÉMOIRE.	RÉPONSE.

Et en effet , 1° , l'efpace qu'ils auront à parcourir depuis l'entrée de la nouvelle Paffe , jufques aux Eclufes ou Quais , fera infiniment moins confidérable que celui qu'ils ont à traverfer de l'entrée de la Jetée actuelle jufques au Port.

L'efpace à parcourir dans la nouvelle Paffe, fera moins confidérable que celui de la Paffe actuelle : mais comment peut-on donner la longueur actuelle du Chenal, comme une donnée invariable ? fur quoi eft-elle établie ? Chaque Port a une longueur de Chenal , plus ou moins confidérable : Cherbourg , le Havre , Fécamp , Saint-Valery, Dieppe ; le Tréport, Calais, Dunkerque, Oftende, &c. chacun de ces Ports a un Chenal plus ou moins long, & tous ont été alongés fucceffivement pour arrêter les alluvions, jufqu'à ce que cet alongement devenant très-préjudiciable, il a fallu trouver un autre moyen de fe débarraffer des alluvions.

Le Chenal de Dieppe eft dans ce cas : il a été ralongé à différentes fois. Les Auteurs de ce Mémoire , qui fe font oppofés , il y a dix ans , à la conftruction des Eclufes de chaffe , vouloient qu'on le ralongeât encore : la longueur du Chenal actuel eft donc fixée par le hazard du moment. Il y a cinquante ans , il étoit plus court ; il l'étoit encore davantage , il y a cent ans ; il feroit encore plus long , fi on les avoit crus il y a dix ans. On voit donc combien il eft ridicule de dire : le nouveau Chenal ne fera pas affez long, parce qu'il fera plus court que celui qui exifte.

Au furplus, l'efpace à parcourir en fuivant la nouvelle
Paffe, ne fera pas *infiniment* moins confidérable que
l'efpace à parcourir dans la Paffe actuelle; l'un eft de quatre-
cents quatre-vingt toifes, l'autre de deux-cents foixante-dix
toifes. Il n'y a là rien *d'infini*: la différence eft prefque de
moitié; voilà le vrai.

MÉMOIRE.	RÉPONSE.
2°. Les nouvelles Jetées for-meront une ligne prefque droi-te, & les Jetées actuelles dé-crivent une courbe très-con-fidérable.	C'eft parce qu'on fait un pro-jet à neuf, qu'on n'eft point gêné par le local; on fait pour le mieux: au-lieu que quand on côtoie à plufieurs reprifes, une Falaife & une rivière, l'ou-vrage eft forcément contourné, mal lié, fans plan & fans prin-cipe.
3°. A peine entrés dans les Jetées actuelles, les vaiffeaux fe trouvent à l'abri des vents, d'un côté, par les maifons voi-fines, de l'autre, par la Fa-laife; tandis que les vaiffeaux, une fois entrés dans la Paffe projetée, feront expofés à tou-te la violence des vents fouf-flant du large.	Les vaiffeaux qui entrent dans la Paffe actuelle, ont cent-vingt toifes à courir avant d'être vis-à-vis des maifons, & ils n'en au-ront que cent-dix à courir par la nouvelle Paffe. Il eft vrai qu'il n'y a pas de Falaife à côté; mais on ne parviendra pas à nous faire regretter cette Falaife, qui d'ailleurs n'abrite fûrement pas des vents foufflant du large.
En vain, pour fe garantir du danger, voudront-ils faire ufage	On peut affurer ces Meffieurs, que le fonds du nouveau Chenal fera

MÉMOIRE.

uſage des moyens qu'ils emploient à l'entrée du Port du
Havre ; en vain prendront-ils
la ſage précaution d'avoir, ſur
l'arrière de leur navire , une
ancre prête à jetter & à mouiller : pour le faire avec ſuccès ,
il faudroit du moins qu'ils trou-
vaſſent un terrain propre à recevoir l'ancre, & à la conſer-
ver ; mais le terrain qui ſe trouvera entre les deux Jetées , ne
ſera-t-il pas ou trop dur ou
trop mou ? A-t-on ſongé à faire
à cet égard, les vérifications
néceſſaires ?

Il eſt encore eſſentiel d'ob-
ſerver que l'ouverture de la
Paſſe projetée , devant être
beaucoup plus étroite que l'ancienne , les équipages des navires entrant dans le Port de
Dieppe , étant preſque toujours peu nombreux , ils ne
pourront s'occuper à-la-fois de
eſſentielles & néceſſaires ; celle de ſerrer les voiles

RÉPONSE.

ſera du ſable & du galet ; ainſi
on pourra y jetter l'ancre : mais
les claires-voies qui briſeront la
lame ; la grande largeur de
l'Avant-Port qui amortira le
reſte ; la facilité qu'aura le navire de tourner à droite ou à
gauche en entrant dans le Port ;
la facilité même qu'il aura en
braſſeyant vent-deſſus , & en
ralinguant : tout cela rendra le
ſervice de l'ancre infiniment rare,
pour ne pas dire inutile.

Il eſt encore eſſentiel d'ob-
ſerver , que la largeur de la
Paſſe ne fait rien ici , & que
les équipages des bateaux de
Dieppe ſont preſque toujours
plus nombreux que dans les autres Ports qui font le grand
Commerce.

deux manœuvres

H

immédiatement après leur entrée entre les deux Jetées, & celle de jetter l'ancre, pour éviter d'aller se briser contre les Eclufes ou contre les Quais.

MÉMOIRE.

Les Rédacteurs des Ob-fervations obfervent cepen-dant, qu'un navire pouffé par un vent foufflant du large, aura toujours le temps, en paffant du Chenal dans l'inté-rieur du Port, de venir au vent fur un côté ou fur l'autre ; d'arrêter fon erre, en braffeyant vent-deffus, ou en ralinguant ; & que la diftance qui fe trouve entre le Chenal & les Eclufes, eft affez confidérable pour exé-cuter les manœuvres néceffaires pour les éviter.

On a répondu d'avance, en obfervant que, pour attaquer le Port, de vent Nord-Nord-Oueft, il eft d'une abfolue né-ceffité, pour gouverner avec fa-cilité, que le navire ait prefque toutes fes voiles dehors ; que

RÉPONSE.

C'eft ce qu'on ne devroit pas contefter.

Il n'eft pas néceffaire que le navire ait toutes fes voiles de-hors pour entrer dans le Port, ni même dans le Chenal, fi le vent eft grand largue, & pref-que arrière. C'eft une affertion qu'aucun Marin de bonne-foi n'ofera faire : nous obfervons

par conséquent il se trouvera nécessairement emporté sur l'Ecluse qui est placée en face du chenal. La distance qui se trouve entr'elle & la Passe, ne sera que de 300 pieds environ; par conséquent pas assez considérable pour les éviter, se trouvant alors emporté & par le courant & par le vent, & aspiré, en quelque sorte, par les Eclufes.

encore, qu'il y a environ cinq-cents pieds, & non pas trois-cents de l'entrée du Port, jusqu'aux Eclufes de chasse ; enfin, que pour connoître la fuite d'un navire, il faut compter de la tête des Jetées, & alors on trouvera deux-cents soixante-dix toifes ou seize-cents vingt pieds jufqu'aux Eclufes.

Quant à l'afpiration des navires par les Eclufes de chasse, l'effet ne sera fenfible qu'à environ dix toifes des Eclufes, parce que l'Avant - Port étant très-large, le courant d'eau n'y sera pas fenfible ; les courants étant toujours en raifon inverfe des sections.

Ajoutons encore que, si l'afpiration des Eclufes étoit reconnue dangereufe, on pourroit faire entrer l'eau dans la retenue, par une Eclufe fituée vis-à-vis l'extrémité du Cours, comme on le voit dans le Plan général.

D'ailleurs, quand il pourroit éviter ce danger, en portant à tribord ou à bas-bord, il en courroit un autre, puisqu'il se porteroit nécessairement fur les navires ou bateaux qui l'auroient précédé, ou fur

Il eft à préfumer que les navires qui se trouveront dans le Port, feront à Quai, & qu'ayant quatre-cents cinquante pieds de largeur, le navire entrant pourra manœuvrer au milieu, fans toucher les autres. On peut encore pratiquer une ou deux cales

ceux même qui feroient amarrés au Quai , qui , ayant à
craindre le même choc des navires ou bateaux arrivant après
eux dans la même marée , feroient obligés de faire la même
manœuvre.

Cet inconvénient fera en-
core plus fenfible dans le Port
de Dieppe , que dans tout autre , principalement dans les
mois d'Octobre & de Novembre, où il n'eft pas rare de voir
entrer , pour ainfi dire, foixante
ou quatre-vingt bateaux par
marée ; temps enfin où journel-
lement, pendant ces deux mois,
il en entre ou fort trente ou
quarante de la même marée.

L'avantage qu'on auroit dans
le nouveau Port, de pouvoir

d'échouage au midi, à une certaine diftance des Eclufes. Enfin, ces évènements feront très-
rares, & peut-être n'arriveront
pas. Mais , comme on ne peut
le démontrer rigoureufement, il
faut répondre , & faire voir
qu'il refte des reffources de tous
les genres, pour l'entrée des
navires.

Déjà on a doublé le temps
de la fortie & de l'entrée des
navires , en détruifant le courant qui ne permettoit pas d'entrer à mer defcendante & de
fortir à mer montante : on alon-
gera encore ce temps par la
nouvelle Paffe, puifque le fond
du Chenal fera fix ou huit pieds
plus bas que celui actuel.

D'après cela , il peut entrer
de la même marée prefque le
double de ceux qui y entroient,
il y a trois ans ; & il en pourra
entrer encore davantage, quand
la nouvelle Paffe fera faite.

Les digues de barrage qu'on
a faites en 1787, ont effective-

changer un navire de place,
dès l'inftant où il feroit à flot,
eft maintenant le même dans
le Port exiftant. Depuis que la
digue, pour empêcher la mer
de s'étendre jufques à Arques,
a été achevée, il n'exifte plus
de grand courant dans le Port,
foit d'èbe, foit de flot; & tout
bateau ou navire, dans tout
temps, foit pour l'entrée, foit
pour la fortie, foit pour changer de place ou ftation, le fait
fans s'expofer, non plus que
les autres, à aucune efpèce
d'avaries. C'eft ce que confirme
une expérience journalière,
ainfi que la tranquillité qui règne dans le Port depuis plufieurs années, même dans les
plus violentes tempêtes.

Cette heureufe tranquillité,
dûe, en grande partie, à l'amas
de galet qui fe trouve dans le
Chenal actuel, fera un avan-

ment procuré de très-grands
avantages au Port de Dieppe :
mais ces digues & les Éclufes
de chaffe, dont on reconnoît
aujourd'hui le bon effet, ne font
que le commencement du projet qu'on veut continuer. Les
Auteurs de ce Mémoire ont fait
leurs efforts pour en empêcher
l'exécution dans fon principe,
& nous fommes étonnés que,
forcés de reconnoître les grands
avantages procurés par ce qui
eft déjà fait; cela ne les défar-
me pas contre ce qui eft la fuite
d'un projet qui a déjà procuré
tant de bien.

Il eft en vérité bien fâcheux,
d'avoir à répondre à de pareilles
affertions. Plus haut, on re-
grette la Falaife de l'Eft & les

MÉMOIRE.

tage inappréciable, dont l'on sera privé dans le nouveau Port.

La Paffe projetée, devant être très-étroite, il en réful-tera principalement, lorfque les vents fouffleront du large,

RÉPONSE.

roches qui entourent le Chenal actuel & le tapiffent : ici, c'eft l'amas de galet, le poulier, l'écueil qui fe trouve dans le Chenal, dans le chemin des na-vires.

Ce poulier peut néanmoins donner du calme dans le Port ; mais c'eft parce qu'il diminue la largeur du Chenal, & de la lame qui s'y introduit. Auffi, dans le nouveau Chenal, on fe réduit à ce qui eft néceffaire. Dans l'ancien, il fe trouve dix-huit à dix-neuf toifes de paffage pour les navires ; le refte eft rempli par le poulier : dans le nouveau, on aura vingt toifes de paffage, toujours purgé de galet ; on n'aura point d'écueil ; les navires qui feront au pied des Jetées, pourront en rece-voir du fecours. (Voyez le MÉMOIRE déjà cité.)

Nous fera-t-il encore permis d'obferver, que le Rédacteur de ce Mémoire trouve que l'on rétrécit trop la nouvelle Paffe, & qu'ici il dit qu'un des plus grands avantages de ce Port, c'eft que le Chenal actuel en foit rétréci par le galet.

Cependant le paffage des navires n'eft que de dix-huit à dix-neuf toifes, par la Paffe actuelle ; & il le trouve fuffi-fant : il fera de vingt toifes pour la nouvelle Paffe ; & il ne fuffira plus. Quelle logique !

Nous prions le Lecteur de faire attention, aux réponfes fuivantes.

1°. La nouvelle Paffe qui n'a que vingt toifes pour le paffage

MÉMOIRE.

que la mer y fera très-dure &
très-dangereufe ; dans l'intérieur du Port , la mer fera extrêmement groffe & houlleufe.
En vain, comme on le projète,
établira-t-on 150 toifes de claires-voies de chaque côté; elles
feront infuffifantes pour brifer
l'effort de la lame dans une entrée étroite , ouverte prefque
en droite ligne : les vaiffeaux
feront continuellement tourmentés dans l'intérieur du Port;
ils fe cauferont mutuellement
des avaries confidérables.

RÉPONSE.

des navires, en offre cent vingt-
huit à l'extenfion de la lame :
par conféquent elle ne peut y
être très-groffe.

2°. Plus une Paffe eft étroite ,
& plus il y a de calme dans le
Port : cela eft reconnu du Rédacteur , puifqu'il attribue en
partie le calme du Port, à l'a-
mas de galet qui obftrue les
deux tiers du Chenal actuel.

3°. Comment affurer que cent-
cinquante toifes de longueur de
claires-voies , ne briferont pas
la lame ? & où a-t-on remarqué que cela ne fuffifoit pas ,
puifque fouvent une feule brèche
dans une Jetée , affoiblit très-
fenfiblement la lame, en détruifant fon ifochronifme ?

4°. C'eft parce que l'entrée eft étroite, qu'il faut une moins
grande longueur de claires-voies; car fi l'entrée avoit une lieue
de largeur, certainement les lames (au milieu fur-tout) y conferveroient à-peu-près toute leur hauteur : mais, comme cette
entrée n'aura que cent-vingt pieds , elle ne pourra pas être
calme fur les deux bords , & très-agitée au milieu.

5°. Enfin, quoique la nouvelle entrée foit moins contournée
que celle qui exifte , cependant elle ne fera pas droite , &
aucune lame ne pourra l'enfiler d'un bout à l'autre , puifque
la tête de l'Oueft dépaffe de quinze toifes, l'axe du Chenal.

Au furplus , nous renvoyons encore au Mémoire déjà cité.

MÉMOIRE.

Encore, fi ces inconvénients étoient les feuls qui feront la fuite néceffaire du nouveau projet : mais il eft de fait que la dureté de la Paffe empêchera les Pilotes, fur-tout dans les grandes tempêtes, d'aller porter fecours aux navires fur rade, à qui leur expérience eft néceffaire pour les conduire au Port en fûreté ; au-lieu que, dans le Port actuel, il eft rare de voir une tempête affez violente pour les empêcher d'en fortir.

Si, pour balancer tous ces défavantages, on prétend avec les Auteurs du Mémoire de 1777, avec les Rédacteurs des Obfervations de 1779, qu'il fe trouvera plus d'eau à l'entrée de la Paffe projetée, qu'à l'entrée du Port actuel; que par conféquent, non-feulement les navires feront moins fujets à fe brifer, en talonnant ou fur le tuf ou fur le fable, mais qu'en outre ils pourront entrer ou fortir

RÉPONSE.

Toutes ces prédictions portant fur des fuppofitions démontrées tauffes, n'effraieront perfonne.

Il fe trouvera effectivement plus d'eau dans le nouveau Chenal que dans celui qui exifte, parce que le fonds de celui-ci eft du rocher, que les Eclufes ne peuvent enlever, pendant que le fonds du nouveau Chenal n'eft que du fable & du galet, comme on le voit, lorfque la mer eft baffe, & par les pieux de la digue de garantie qui ont entré cinq à fix pieds au-deffous des plus baffes-mers de vive-eau; enfin parce que les Eclufes de chaffe feront plus près de la laiffe de

MÉMOIRE.

fortir beaucoup plus tôt ; fi l'on foutient toujours pour appuyer cette affertion , que le milieu de la vallée donnera certainement plus de profondeur qu'une de fes extrémités : on répondra victorieufement qu'une expérience journalière détruit tout ce qu'on n'a pas craint d'affirmer à cet égard. N'eft-il pas en effet conftant & notoire qu'il fe trouve déjà quatre pieds d'eau à l'entrée des Jetées actuelles , lorfqu'à peine la digue de garantie fe trouve mouillée.

RÉPONSE.

de baffe-mer. (Voyez ce qui eft dit ci-deffus.)

Il eft vrai qu'il fe trouve *deux pieds quatre pouces d'eau* au pied de la Jetée actuelle de l'Oueft , lorfque la digue de garantie fe trouve à peine mouillée : mais en conclure que le nouveau Chenal fera moins profond , c'eft ne rien comprendre à la chofe fur laquelle on écrit.

Le galet qui fe trouve fur la plage , entre le Chenal actuel & l'épi du Fort-blanc , s'eft accumulé depuis qu'on a prolongé la Jetée de l'Oueft : en la détruifant , ce galet prendra fon chemin vers l'Eft ; la mer fe rapprochera de la Ville , & , par conféquent , des nouvelles Jetées. Mais c'eft principalement ici qu'il faut renvoyer au Mémoire déjà cité , où cet objet eft difcuté avec la plus grande clarté.

Cependant , c'eft en-dedans de cette digue , que les nouvelles Jetées doivent s'élever.

Oui , en-dedans.

On avoit , pour ainfi dire , promis , il y a plufieurs années ,

Les chofes font encore difpofées de manière qu'il y aura

I

MÉMOIRE.

de difpofer les chofes de manière qu'il y auroit toujours
dans le Port , même à marée
baffe , fept à huit pieds d'eau :
mais comment concilier un pareil avantage avec le jeu des
Eclufes ? Pour qu'elles puiffent
produire leur effet, elles ne doivent rencontrer d'autre obftacle, que le galet qu'elles font
deftinées à chaffer ; & une
maffe de huit pieds d'eau arrêteroit inconteftablement la
rapidité & le choc de celles qui
doivent en fortir.

Il eft encore effentiel d'obferver que le fervice des Haleurs , tant pour l'entrée que
pour la fortie des navires, fera

RÉPONSE.

huit à neuf pieds d'eau dans le
Chenal, de mer-baffe , dans la
morte-eau, & un à deux pieds
dans la vive-eau : c'eft-à-dire,
huit pieds plus bas que dans le
Chenal actuel ; ce qui eft sûrement un grand avantage : &
quand on y fera parvenu , les
Eclufes ne feront plus d'effet
dans la morte-eau, excepté le
cas où un grand vent auroit
amené beaucoup de galet dans
le Chenal : mais, pour le fimple
entretien , il fuffira de chaffer
de temps - en - temps dans les
grandes mers ; & quand il y
aura un à deux pieds d'eau , ce
fera le moment de ne plus chaffer , fi les Eclufes ceffoient de
faire leur effet ; parce qu'il y a
un terme à tout. Cela eft conforme à tout ce qui arrive dans
le monde , & ne doit étonner
perfonne.

Tout eft objection pour celui
qui veut difputer ; mais nous
répondrons,

1°, Que le fervice des Haleurs

MÉMOIRE.

fouvent impraticable dans la nouvelle Paffe. Il n'eft pas rare qu'on foit obligé d'avoir fur les amarres jufqu'à cent hommes, & quelquefois plus; ce fervice ne peut fe faire fur une ligne droite, mais bien fur une ligne oblique : il eft donc néceffaire d'avoir des Jetées d'au moins trente pieds. Le terre-plein, de plus de 50 pieds, qui fe trouve derrière la Jetée actuelle du Oueft & à fon niveau, facilite l'opération, qui deviendra impoffible derrière les Jetées projetées.

Il faut convenir, d'après toutes les réponfes & les obfervations ci-deffus, qu'il eft difficile de concevoir comment on a pu déterminer le Confeil de Sa Majefté, à donner fa

RÉPONSE.

aura neuf pieds de largeur; qu'il eft peu de Jetées auffi larges; que celles de Fécamp, de St-Valery, du Tréport, de Calais, &c. ne le font pas autant; 2°, qu'on n'a pas communément befoin d'un grand nombre de Haleurs, quand le Chenal eft tranquille, & offre peu de courant; 3°, que cent hommes même peuvent haler droit au moyen des tourniquets; 4°, qu'on pourra toujours rélargir tant qu'on voudra, le chemin des Haleurs, fi on le juge utile; mais que nous fommes intimement perfuadés qu'on fera auffi content du bon effet du Chenal, quand il fera fait, qu'on l'eft aujourd'hui du bon effet des Eclufes de chaffe & des digues de barrage, contre lefquelles on a tant crié.

On efpère que, quand on aura lu ces réponfes, & qu'on aura vu toutes les précautions que le Confeil a prifes pour s'affurer de la bonté du projet, on feroit étonné qu'il ne l'eût point approuvé : mais on le fera tou,

I 2

MÉMOIRE.

sanction à un projet dont l'exécution entraîne non-seulement
les plus grands inconvéniens,
mais occasionnera nécessairement une dépense de plusieurs
millions, & cela dans un temps
où l'état des Finances du
Royaume semble ne permettre
que les dépenses d'une nécessité absolue, ou au moins d'une
utilité évidente.

D'après les détails dans lesquels on est précédemment
entré, il est démontré que les
motifs sur lesquels se sont appuyés les Auteurs du projet,
sont ou faux ou illusoires.

On pourroit dire, cepen-
dant, que l'amas de galet exis-

RÉPONSE.

jours de voir des citoyens blâ-
mer les dépenses qu'on a faites
pour la prospérité de leur ville,
& réunir leurs efforts pour arrêter les vues bienfaisantes du
Gouvernement.

D'après les détails dans lesquels sont entré les Auteurs du
Mémoire, il est démontré qu'ils
n'ont fait aucune objection fondée, ou appuyée de principes :
ils ont tout blâmé d'un côté,
tout loué de l'autre ; ils ont fait
mille suppositions hazardées,
mille descriptions effrayantes
de malheurs imaginaires attachés à la nouvelle Passe. On
demande maintenant de quel
côté est *le faux & l'illusoire.*

L'amas de galet qui se trouve
dans le Chenal actuel, rendoit

RÉPONSE.

tant maintenant à l'ouverture du Port actuel, ayant rendu d'abord fon entrée difficile & dangereufe, menaçoit de la rendre abfolument inacceffible.

déjà l'entrée du port très-difficile, très - dangereufe, & bientôt l'auroit rendu inacceffible, puifque plufieurs fois on a été obligé de l'enlever à bras d'hommes : moyen très - lent, très-coûteux, & toujours infuffifant.

S'il n'exiftoit aucun moyen connu & poffible de parer à cet inconvénient réel, il faut convenir que l'ouverture de la nouvelle Paffe devenoit indifpenfable.

L'ouverture de la nouvelle Paffe ne remédiera pas à l'atterriffement du galet; c'eft lui fuppofer une vertu qu'elle n'aura pas; c'eft ignorer les premiers principes de l'art fur lequel on écrit : cette Paffe fe rempliroit de galet comme l'autre, fi on ne l'enlevoit toutes les fois qu'il fera apporté.

Or ce moyen exiftoit; il s'agiffoit fimplement d'établir des Eclufes de chaffe, dirigées de manière qu'elles puffent, chaque jour, enlever du chenal, le galet que chaque marée pourroit déformais y introduire.

Les Eclufes de chaffe qui font faites, peuvent enlever chaque jour, le galet que la mer apporte; & l'on voit avec plaifir que les Auteurs de ce Mémoire approuvent aujourd'hui ce moyen combattu pendant plufieurs années, & dont on a nié le bon effet, jufqu'au moment où la preuve a frappé tous les yeux.

MÉMOIRE.

On dit *déformais* , parce qu'il eft définitivement reconnu qu'une portion de cet amas de galet , en brifant l'effort de la lame, a rendu non-feulement l'entrée des navires bien plus facile , mais même a affuré à l'intérieur du Port , la plus grande tranquillité dans les tempêtes les plus violentes.

L'ufage & l'emploi de ce moyen connu, ne pouvoit fouffrir qu'une objection raifonnable : on pouvoit dire , on dit même encore, que l'état de la tête de la Jetée , du côté de l'Oueft , & fur-tout celui de la Jetée entière du côté de l'Eft , dont les fondations font peu folides, n'auroit pu foutenir long-temps le choc & la rapidité des eaux fortant des Eclufes de chaffe deftinées à

RÉPONSE.

On eft déjà convenu que le Chenal actuel eft trop large , & que le galet qui le retrécit, produit du calme dans le Port : feulement on eft fâché de fe rappeller que, plus haut, le Rédacteur dit , qu'un Chenal étroit rendra la mer très-dure dans le Port. Au furplus , les deux claires-voies que l'on a pratiquées dans la Jetée du Pollet, contribuent auffi beaucoup au calme : mais le Rédacteur n'aime point les claires-voies ;

Notre ufage n'eft pas de beaucoup dire , mais de montrer, quand on peut voir. On nous parle des bancs & des rochers en face de la nouvelle Paffe , lefquels dans tous les temps font cachés fous l'eau; & nous avons dit : voyez les bancs & les roches tout autour , & au milieu du Chenal actuel, & venez vous promener deffus. De même , nous dirons ici : voyez la Jetée de l'Oueft ; elle eft mangée , lézardée, mal-fondée, &c. Voyez le pied de la Jetée de l'Eft à mer

71

MÉMOIRE.

nettoyer le Port & son entrée.

L'objection eût été sans repliques, si la tête de la Jetée du côté de l'Oueft, si les fondations de la Jetée du côté de l'Eft, n'étoient fufceptibles d'une réparation folide & durable, & fur-tout fi les travaux, pour y parvenir, euffent entraîné plus de dépenfe que l'exécution du nouveau projet : mais rien n'eût été plus facile alors, & rien ne l'eft davantage aujourd'hui, que de parer folidement à cet inconvénient. Qu'on relève la tête de la Jetée de l'Oueft ; qu'on la revêtiffe de planches fortes, formant un talut ; qu'on la prolonge de plufieurs toifes ; qu'on établiffe au pied de la Jetée du côté de l'Eft, un pilotage & une plate-forme en glacis (moyen déjà pratiqué avec fuc-

RÉPONSE.

baffe : les fondations de tout le parement font en l'air, d'un, deux & trois pieds.

Il faut relever la tête de la Jetée de l'Oueft, & c'eft par les fondations qu'elle manque effentiellement, parce qu'elle n'eft pas fondée affez bas ; parce qu'elle a déjà gliffé fur fa bafe ; parce qu'elle eft creufe & lézardée. Qu'on la revêtiffe en planches fortes formant talut, tant qu'on voudra ; ces planches ne rendront pas le noyau meilleur ; & plus de talut qu'elle n'en a, éloigneroit trop le navire du fecours qu'on lui donne de deffus la Jetée. Enfin, dites-vous ; qu'on la prolonge : mais elle eft déjà trop longue ; elle eft déjà trop loin du Port & des Eclufes de chaffe. Puis, pour l'alonger, la conftruire folidement, il faudroit faire une digue de garantie : ce qui deviendroit très-coûteux & très-embarraffant pour tous les bâtiments qui, pendant ce temps, fréquenteroient ce Port.

Quant à la Jetée de l'Eft, le

MÉMOIRE.

cès dans plusieurs de ses parties) ; & alors les deux Jetées résisteront à la rapidité des eaux sortant des Ecluses, & on évitera la dépense de plusieurs millions, & principalement les désavantages & les inconvénients inséparables de la Passe projetée.

Qu'on suppose même (ce qui ne peut être) que les travaux à faire pour la Passe actuelle, entraînent après eux autant de dépense que l'ouverture de celle qui est projetée, il n'en seroit pas moins déraisonnable de l'entreprendre.

RÉPONSE.

moyen d'un pilotage, & d'une plate-forme en glacis, n'est ni aussi bon, ni aussi facile qu'on le suppose ici. 1°, Le fonds, qui est de rocher, ne permet pas d'y enfoncer des pieux bien avant. 2°, Cela géneroit encore le passage des navires. 3°, Ce ne seroit jamais qu'un mauvais ouvrage, qui soutiendroit mal un mur aussi épais que celui qui existe. 4°, Ce moyen déjà employé, n'a jamais été regardé que comme provisoire ; & les parties réparées, il y a dix ans, sont à-peu-près dans le même danger de s'écrouler, que le reste de cette Jetée.

Quant aux désavantages & inconvénients, nous croyons en avoir assez dit pour convaincre qu'ils sont du côté de la Passe actuelle.

Comme nous sommes de bonne foi, nous conviendrons, qu'il en coûtera plus pour faire à neuf la nouvelle Passe, que pour réparer l'ancienne, de manière à la faire durer vingt à trente ans : mais, si on vouloit la remettre comme à neuf, il en coûteroit plus que pour faire la nouvelle Passe.

Il en coûteroit davantage 1°, parce qu'elle est plus longue

longue presque du double ; 2o, parce que l'on seroit obligé, pour se défendre de la lame pendant la construction, de s'envelopper d'une estacade qui coûteroit beaucoup ; 3°, parce qu'on ne pourroit travailler qu'à la marée, dans les beaux jours ; au-lieu qu'on construira la nouvelle Passe à la journée : ce qui est beaucoup moins coûteux ; 4°, parce que les têtes des nouvelles Jetées, une fois fondées, il n'y aura plus d'avaries à redouter ; au-lieu qu'on les craindroit à la Passe actuelle, pendant tout le temps de la construction des Jetées ; 5°, enfin, ce travail très-coûteux géneroit singu- liérement le Public ; au-lieu que l'on construira la nouvelle Passe, sans l'incommoder en rien.

Mais ces raisons, qui paroissent d'un grand poids, ne font rien en comparaison de celles qui tiennent à la position & à la forme des Jetées actuelles : celles-ci sont mal situées, trop près de la Falaise, sur un rocher qui ne permet pas aux Ecluses d'approfondir le Chenal, & elles sont mal contour- nées pour l'effet des chasses.

Nous renvoyons pour le détail de tous ces articles, au Mémoire déjà cité.

Si on le lit avec impartialité, ainsi que ces réponses, on restera convaincu que, quand même le Chenal actuel seroit très-solidement fondé, & quand les Jetées seroient en gra- nit, il faudroit encore faire la nouvelle Passe au milieu de la vallée.

MÉMOIRE.

On ne rappellera pas ici, que le nouveau système nécessitera la séparation d'une portion con- sidérable de la Ville, la destruc-

RÉPONSE.

La Ville est déjà séparée en deux par la rivière & par le Port : c'est le sort de toutes les Villes maritimes ; & quand on

K

tion d'une certaine quantité de maifons, dont l'indemnité en faveur des Propriétaires s'élèvera à-peu-près à une fomme de 600,000 livres ; mais on s'appefantira toujours fur des inconvénients d'un tout autre genre. Ces inconvénients ont été démontrés dans ce Mémoire, & ils font d'autant plus terribles, qu'on n'y voit pas de remède, parce qu'ils tiennent à certaines difpofitions locales, que tous les efforts de l'art ne pourront ni vaincre ni furmonter.

en feroit une à neuf, à plaifir, on placeroit des maifons tout autour des baffins, du Port & du Chenal, parce que ce font les emplacements les plus précieux, & qu'il feroit du dernier ridicule de ne mettre des maifons que d'un feul côté.

D'après cela, il eft fans inconvénient qu'il fe trouve quelques maifons de plus ou de moins d'un des côtés du Chenal, & la nouvelle difpofition du Plan général prouve à cet égard tant d'avantages, que, fi nous voulions auffi employer le mot de *barbare*, nous dirions qu'il faut l'être pour ne pas defirer de voir exécuter un projet qui tend auffi évidemment à la profpérité & à la fplendeur de la Ville qu'on habite.

Quant à l'indemnité des maifons, elle eft un peu forcée, parce que le Gouvernement peut, fans qu'il lui en coûte rien, dédommager MM. les Oratoriens, dont la maifon fait la principale indemnité. Ce n'eft pas d'ailleurs une objection à faire par les Habitants : ils devroient remercier le Gouvernement qui s'occupe de l'amélioration de leur Ville ; ce rôle feroit plus beau que celui d'arrêter fes vues bienfaifantes.

La fin de cet article eft toujours dans le même genre : des

prédictions malheureufes, des maux fans nombre ; mais pas
un raifonnement , pas un fait qui foit prouvé ; des fantômes
éternels : nous les avons fuffifamment réfutés , & nous ne
voulons pas nous répéter davantage.

MÉMOIRE.	*RÉPONSE.*
RÉSUMÉ.	*RÉSUMÉ.*

De l'examen & de la difcuffion dans lefquels on vient
d'entrer , ne réfulte-t-il pas ?

Voyons ce qu'il réfulte.

1°, Que les naufrages fur
les côtes qui avoifinent le Port
de Dieppe, notamment fur les
rochers fitués au pied de la
Falaife de l'Eft, ne font pas
auffi fréquents que les Auteurs du Mémoire de 1777 l'ont
avancé , & qu'ils ne le feront
pas moins après l'ouverture de
la nouvelle Paffe , fi elle a lieu ;
que les navires & leurs équipages courront de plus grands
dangers en échouant fur le galet , qu'ils n'en éprouvent lorfqu'ils échouent fur les rochers
de l'Eft , & que les moyens de
fecours, auffi prompts dans l'un,

1°. Nous renvoyons à l'extrait des regiftres de l'Amirauté.
2°. Il réfulte évidemment des
difpofitions de la nouvelle Paffe,
que les naufrages y feront plus
rares & moins dangereux. Malgré toute l'envie que nous avons
de finir ; nous ne pouvons convenir, qu'un navire qui échoue,
eft plus en danger fur le fable
que fur la roche , ni même que
les fecours font plus aifés à apporter au pied de la Falaife,
que fur la Grève. En effet , c'eft
dans la vive-eau que la mer bat
la Falaife en nombre d'endroits,
& on ne peut en approcher : fi
c'eft dans la morte-eau , le talut
étant en pente plus douce , il

K 2

MEMOIRE.

REPONSE.

comme dans l'autre cas, font plus faciles pour les navires échoués fur les rochers de l'Eft, qu'ils ne le feront pour ceux qui échoueront fur le galet qui borde le rivage :

tient le navire échoué loin de la laiffe de la mer dans fon plein; de forte qu'on ne peut lui porter fecours que quand elle fe retire. Au contraire, le navire qui échoue fur une plage de fable & de galet, plus roide que celle du rocher en queftion, eft beaucoup plus près de la laiffe de la mer dans fon plein.

2°, Que le danger que courent les navires de fe brifer, en talounant fur le tuf, eft purement imaginaire, puifque les faftes de la Marine Dieppoife n'en offrent pas d'exemple :

Nous avons déjà nié qu'un navire qui talonne fur le rocher, y fût moins mal que celui qui talonne fur le fable & galet, & nous laiffons au lecteur à juger fur lequel il préféreroit de tomber lui-même.

3°, Que la proximité de la Falaife, bien loin d'être défavantageufe pour l'entrée des navires ou bateaux, eft au contraire un point fixe & indicatif dans des temps de brume, & fur-tout la nuit :

Nous renvoyons à la réfutation de cet article : il eft incroyable qu'on répète deux fois combien il eft avantageux d'avoir un écueil fixe & touchant la Paffe où l'on doit entrer.

MEMOIRE.

4°, Que les courants, foit
d'èbe, foit de flot, ne nuiront
pas plus à la navigation dans
l'un, comme dans l'autre Port,
foit pour l'entrée, foit pour
la fortie ; en exceptant cependant celle par un vent de Nord-
Nord-Eſt, qui, dans la nouvelle Paſſe, mettra les navires
dans l'impoſſibilité preſqu'abſo-
lue de doubler le Cap de l'Ailly :

5°, Que ſoit pour l'entrée,
foit pour la fortie, le nouveau
Port, confidéré par rapport
aux vents, préſente plus de
difficultés, & fait craindre
plus de dangers que l'ancien :

6°, Que les navires double-
ront avec beaucoup plus de
peine, la pointe de l'Ailly,

REPONSE.

Nous avons démontré que la
différence de poſition étoit ſi
légère relativement aux rochers
de l'Ailly, que cela ne pouvoit
faire aucune objection raiſon-
nable.

Nous avons prouvé que la
fortie & la rentrée feront à-peu-
près les mêmes, excepté que la
Falaiſe du Pollet occaſionne
des raffales qui trompent quelquefois le Pilote ; & que les
vents étant plus foutenus, plus
conſtants au milieu de la vallée,
la manœuvre en fera plus affu-
rée ; enfin que le danger de ſe
perdre fera moins grand que par
la Paſſe actuelle.

Cet article eſt déjà réfuté.

MÉMOIRE.

RÉPONSE.

foit à leur entrée, foit à leur fortie du nouveau Port, qu'ils ne le font dans celui qui exifte, puifqu'ils perdront un quart de rumb de vent:

7°, Que les bancs de roches & de fable exiftant à un jet de pierre, de l'ouverture du Port projeté, feront fouvent le tombeau des navires & de leurs équipages; qu'ils mettront les Pilotes lamaneurs dans l'impoffibilité d'aller au-devant des navires qui fe préfenteront en rade; qu'enfin ces différents bancs ferviront comme de point d'appui au galet enlevé du Port par les Eclufes de chaffe, qu'il s'y amoncelera & formera infenfiblement une maffe que rien ne pourra ébranler:

Il eft bien étonnant qu'on efpère faire un épouvantail pour la nouvelle Paffe, d'un banc de roches qui n'exifte pas; & qui, en fuppofant fon exiftence, feroit affez bas pour ne jamais nuire; & que dans le même Mémoire, on dife que c'eft un grand bonheur d'en avoir un, fur lequel tout le monde marche, qui tapiffe le Chenal, & qui entoure la Jetée de l'Eft de la paffe actuelle.

Il n'eft pas moins fingulier de dire qu'un rocher qu'on ne voit point, arrêteroit le galet; pendant que celui qui eft à l'Eft de la Paffe actuelle, découvre de plus de trois à quatre pieds, & qu'il retient évidemment le galet, puifqu'il ne peut s'échapper qu'en paffant pardeffus.

8°, Que les navires entrant dans le nouveau Port par un

Les navires qui entreront d'un vent forcé, ne fe briferont

vent forcé, foufflant du large, iront fe brifer, ou contre les Eclufes de chaffe, ou contre les Quais, ou contre les navires qui s'y trouveront amarrés :

nulle part : ils auront affez de chemin à faire pour diminuer leur aire de vent ; & s'ils avoient négligé d'amener leurs voiles, il leur refte plufieurs reffources, ainfi que nous l'avons dit.

9°, Que la tranquillité qui règne maintenant dans l'intérieur du Port actuel, eft un avantage inappréciable dont on fera privé dans le nouveau Port, où la mer houlleufe & méchante expofera les vaiffeaux à fe heurter les uns contre les autres :

On ne répète pas ici pourquoi: mais on n'a pas oublié que c'eft parce que le Chenal fera étroit ; & ailleurs on dit que le calme dont on jouit actuellement dans le Port, eft dû au rétréciffement du Chenal actuel.

10°, Que très-fouvent les Pilotes lamaneurs ne pourront fortir du nouveau Port, pour y introduire en fûreté les navires qui fe préfenteront en rade :

Cela n'arrive pas très-fouvent dans le Port actuel, & arrivera encore plus rarement dans le Port projeté.

11°, Qu'il y aura néceffairement moins d'eau dans le nouveau, que dans l'ancien

Il y aura certainement plus d'eau dans le nouveau Port que dans l'ancien ; 1°, parce que le

MÉMOIRE.

Port , puifqu'il y a déjà quatre pieds d'eau dans celui-ci , lorf-qu'à peine l'endroit où l'autre doit s'ouvrir , eft baigné par l'eau de la mer :

12°, Que le fervice des Ha-leurs fera impraticable fur les nouvelles Jetées :

13° , Qu'il y avoit, & qu'il y a encore un moyen bien fim-ple d'arrêter les funeftes effets de l'amas de galet dans le Port actuel , en conftruifant des Eclufes dirigées de manière qu'elles puffent chaque jour , l'en chaffer ; & que fi l'état actuel des Jetées les mettoit dans l'impoffibilité de foutenir le choc rapide des eaux for-tant des Eclufes , il étoit facile de les réparer , & qu'enfin leur

RÉPONSE.

fond du premier eft de fable & de galet, que les Eclufes enlè-veront facilement ; pendant que le fond du Chenal actuel eft de rochers, que les chaffes ne peu-vent enlever ; 2°, parce que le nouveau Chenal fera en face des Eclufes ; 3°, parce qu'il y aura moins loin des Eclufes à la mer, que par la Paffe actuelle.

Le fervice des Haleurs fe fera très-commodément fur les nou-velles Jetées.

Le moyen propofé de conf-truire de nouvelles Eclufes eft ridicule, parce que cela feroit toujours un mauvais projet ; il eft infuffifant , parce que le Chenal eft trop large , & que le fonds étant du roc, les Eclufes ne le creuferoient pas ; il eft ruineux, parce qu'il en coûteroit plus pour refaire des Eclufes , & remettre le Chenal comme à neuf, que de faire le nouveau ; enfin il géneroit infiniment le commerce pendant tout le temps de la reconftruc-tion

MÉMOIRE.　　　*RÉPONSE.*

leur réparation & le prolongement de celle de l'Oueft,
occafionneroitbeaucoup moins
de dépenfe que l'exécution du
nouveau projet, même dans l'é-
tat actuel des chofes.

tion des Jetées qui forment le
Chenal actuel.

CONCLUSION.　　## CONCLUSION.

Telles font les réflexions
qu'ont fait naître dans l'efprit
de plufieurs citoyens , la lecture du Mémoire de 1777 , &
les Obfervations du 4 Mars
1779. Si ces réflexions font
juftes , que penfer du nouveau
projet ? N'eft-il pas à craindre
que le nouveau Port , au-lieu
d'ouvrir aux habitants de cette
Ville , une nouvelle fource de
profpérité & de richeffe , ne
devienne le tombeau de fon
Commerce & de fon induftrie?
Il eft donc de la dernière im-

Le Mémoire qu'on a joint à
celui qu'on réfute , n'eft point
celui de 1777 ; mais un Mémoire fait depuis peu , ainfi
qu'on l'a vu. Au refte , nous
n'en dirons pas moins qu'il faut
avoir de la prévention pour ne
pas fentir que tout l'avantage
pour le Port de Dieppe , eft du
côté du nouveau projet, tant à
caufe des raifons qui viennent à
l'appui , que par l'opprobation
unanime d'un grand nombre
d'Officiers de Marine, d'Ingénieurs & d'Etrangers inftruits.

portance de porter un œil attentif fur un objet
auffi effentiel. Il s'agit de l'intérêt général & du

bonheur commun : fi le nouveau projet doit l'accroître, il faut l'accueillir avec tranfport, en accélérer l'exécution ; fi, au contraire, les obfervations ci-deffus font d'une évidence frappante, il faut fe hâter de le faire profcrire.

Meffieurs les Négociants ont, fur cet objet, un intérêt encore plus direct & plus marqué : c'eft pour eux principalement que ce Mémoire a été rédigé; fes auteurs animés par le defir du bien public, le foumettent à leurs lumières : ils voudront bien, fans doute, l'examiner, & le pefer. Ils appelleront probablement, pour les aider dans leur examen, des Capitaines de navires, Maîtres de bateaux & Pilotes lamaneurs ; & pour éloigner même jufqu'au foupçon de la partialité, ils jugeront peut-être néceffaire d'affocier à leurs travaux, plufieurs de ceux qui font connus pour les partifans les plus zélés du nouveau projet ; & d'une difcuffion faite avec cet efprit d'impartialité & de bonne-foi, du choc des opinions, on verra la vérité triomphante fortir des ténèbres où elle eft enfevelie depuis fi long-temps.

OBSERVATIONS
GÉNÉRALES.

Nous n'étendons pas plus loin le parallèle de la Passe projetée avec celle qui existe ; mais nous croyons devoir consacrer un instant à l'inspection du site heureux de la Ville de Dieppe , du Projet général qui a été fait en conséquence ; & nous prions le lecteur , de vouloir bien en parcourir le Plan avec nous : il y verra réunis tous les avantages qu'on peut desirer pour la prospérité d'une Ville.

Dieppe est situé au milieu d'une superbe vallée, qui a sept à huit-cents toises de largeur , & plus de quatre mille toises de longueur. Une rivière qui roule plus de trois mille toises cubes d'eau à l'heure, embellit cette vallée & la fertilise : elle semble appeller sur ses bords , des établissements de toute espèce, des Chantiers , des Magasins , des Manufactures , & nécessiter la confection d'un Canal de navigation, qui , joignant Dieppe à Paris par l'Oise & la Seine , feroit de la première de ces Villes , le Port de la Capitale , & d'une partie du Royaume. Situé au milieu de la Manche , il est le plus près de Paris : il y monte trente pieds d'eau dans les grandes mers , & il ne manquoit à tant d'avantages , qu'un projet digne du local.

Ce projet raſſemble tous les avantages de beauté & d'utilité qui peuvent tendre à la proſpérité de la Ville & du
Port.

Un Chenal qui réunit la beauté, la grace & la commo-
dité; où les bâtiments qui font le commerce de la Pêche,
pourront, vu ſa profondeur, entrer pendant la morte-eau,
même de baſſe-mer, comme ſi Dieppe n'étoit pas un Port
de marée, & dans la vive-eau, entrer & ſortir deux heures
plus tôt & deux heures plus tard: entrée unique dans l'Europe; non plus aſſervie au local exiſtant, mais projetée
tout d'un trait, dans un terrain qui ne préſente aucun
aſſujettiſſement.

Un grand & magnifique Avant-Port, contenant plus de
vingt mille toiſes quarrées, & entouré de maiſons qui l'a-
britent de toutes parts; un Arrière-Port pour les bâtiments en déſarmement, de ſix mille ſix-cents toiſes quarrées; un baſſin où les navires ſeront toujours à flot, de deux-
cents toiſes de longueur, ſur cinquante de largeur, faiſant
dix mille toiſes quarrées, environné de maiſons, avec des
cales de conſtruction à ſon extrémité; une nouvelle Ville
dans le plus heureux emplacement; deux canaux commencés, l'un pour la navigation, l'autre pour le flottage,
avec des Ecluſes en tête, dont une procure le double
avantage de faciliter le flotage du bois, & de faire écluſe
de chaſſe pour nettoyer les vaſes du Port, & augmenter
d'autant l'effet de la principale Ecluſe; enfin, ces canaux
procurent le long de leurs bords, de magnifiques pro-
menades qui ajoutent encore aux beautés de la vallée.

Une immenſe retenue qui aſſure l'effet des chaſſes, & qui

joindra l'agrément à l'utilité, quand elle fera entourée &
plantée, comme on le voit par le Plan.

Enfin, un vafte emplacement pour la conftruction d'un
hôpital, & même d'une caferne.

Puiffent tant d'avantages n'être pas perdus ! puiffent nos
concitoyens, éloignant tout préjûgé, & renonçant à de
vieilles habitudes, fe réunir pour demander, pour follici-
ter l'exécution du fuperbe projet qu'on vient de leur déve-
lopper ! C'eft le plus cher de nos vœux : il tend à la profpérité de la Ville où nous fommes tous nés. Ce fentiment
eft trop vivement prononcé chez tous les Dieppois, il eft
trop honnête, pour qu'il foit poffible de le contenir. Il n'eft
maintenant perfonne qui ne puiffe juger les travaux du nouveau Port ; & c'eft rendre juftice à tous les citoyens, d'ajouter, qu'il ne fera plus perfonne qui ne defire de les voir
exécutés.

LE VENDREDI, 21 Août 1789, à quatre heures du matin, MM. Clémence frères, M. Auvray & M. Dujardin, tous quatre Capitaines de Navires, fe font embarqué dans deux chaloupes, aidés des Matelots nommés le Duc, Chevalier, Auvray & Fromentin, accompagnés des fieurs Defgranges, Degafparis & Déformeaux, pour aller reconnoître la nature du fonds, aux abords & en avant de la digue d'enceinte, en face de la Paffe projetée, & ont procédé ainfi qu'il fuit.

Il a été fondé avec la gaffe, pour reconnoître les points de partage entre le fable & le caillou, ou roche, & il a été jeté auxdits points, des bouées au nombre de quatre, qui forment un quarré irrégulier ; la première bouée eft à quatre-vingt-cinq braffes de l'angle Nord-Eft de la digue d'enceinte, & dirigée par rapport à ladite digue, au Nord-Nord-Oueft ; la feconde allant vers l'Oueft à-peu-près parallèlement à la ligne de devant de ladite digue, fe trouve à cent-huit braffes de l'angle connu fous le nom de la quatrième partie, orientée par rapport à ladite digue, au Nord-Oueft-quart-Oueft. Les autres dimenfions de ce quarré n'ont pu être prifes, & l'opération a été remife à la marée prochaine, fi le temps le permet.

Dans cet emplacement, il a été fondé à la gaffe, avec la plus grande précifion, ayant de mer baffe, trois & quatre pieds d'eau (la mer s'étant retirée à trente-cinq toifes du point de repaire), & il a été reconnu que les parties qui n'étoient point couvertes de fable, ne pouvoient être abfolument que des cailloux ou bittes, & non le fond du terrain naturel. Deux dragueurs ayant indiqué & montré une place où ils affuroient qu'il y avoit une roche, on y a fondé fcrupuleufement, & on a reconnu le même terrain : on a oublié de leur demander leur nom.

Ayant trouvé une place, où, à trois pieds & demi de hauteur d'eau, le caillou étoit infiniment plus ferré, & par conféquent pouvoit indiquer une efpèce d'enrochement, le nommé le Duc s'eft mis à l'eau, &

eſt parvenu, avec ſes pieds & ſes mains, à tirer deux cailloux garnis de plantes marines & de coquillages.

Comme on avoit projeté de ſe procurer de ce caillou par le moyen des drèges avec leſquelles on pêche les huîtres , on a fait venir deux ouvriers qui en ont apporté une; on l'a jetée à l'eau : mais , comme la mer montoit , & qu'on ne peut faire ce travail qu'avec un bateau , on a fini l'opération, quand on a eu obtenu un très-gros caillou garni comme il eſt dit ci-deſſus.

On s'eſt débarque à ſept heures & demie.

MARÉE DU SOIR.

Les perſonnes ci-deſſus nommées , excepté les fieurs Deſgranges & Deformeaux (1) accompagnées de Jacques Deleſtre & de deux Matelots , ſe ſont embarqués à trois heures trois quarts , pour continuer les opérations du matin , & pour s'aſſurer de la nature du fond , par le moyen d'une ſonde en fer de douze pieds de longueur, en forme de tarière, & de deux grappins à trois branches , dont devoient ſe ſervir quatre manœuvres qui ſe feroient mis à l'eau. Mais la Mer étant trop groſſe , il a été impoſſible d'en faire uſage : on s'eſt ſervi de la drège avec laquelle on a retiré une bitte ronde de même forme & de même nature que celles du matin.

On s'eſt débarqué à cinq heures, la mer ne permettant pas de continuer.

LE 22: MARÉE DU MATIN.

Les vents d'Oueſt règnant toujours , les chaloupes & le bateau bittier n'ont point ſorti : ſeulement quatre Matelots nommés Louis Clément , Jean Prudent Clément , Joſeph Deleſtre , & François Fleury , avec

---

(1) La mer empêchant de ſuivre l'opération , ces Meſſieurs n'ont pas jugé néceſſaire de s'embarquer : ils ſont reſtés ſur le bord de la mer.

trois manœuvres s'y font trouvés : ils fe font mis à l'eau , à cinq heures & demie aux endroits indiqués par le nommé Fleury , autant parce qu'il affuroit connoître affez le local , pour indiquer la roche , que parce que le mauvais temps de la marée précédente avoit enlevé les bouées ; & à l'aide des deux grappins dont il a été parlé ci-deffus , ils font parvenus à déraciner plufieurs groffes bittes, que lefdits Matelots ont apportées, après avoir plongé plufieurs fois. Ces bittes font au nombre de douze, de différentes formes, & groffeurs, garnies comme il a été dit ci-deffus : elles ont été dépofées dans le bureau du Magafin du Roi.

L'opération s'eft faite en préfence des fieurs Hardy , Déformeaux , & Degafparis.

A la fin de la marée , le nommé Fleury nous ayant dit , qu'il favoit où il y avoit une autre partie de roche plus élevée que les autres , qui l'avoit quelquefois fait tomber en traînant le filet ; nous l'avons chargé d'y aller avec les nommés Louis Clément , & Jean Prudent Clément qui avoient chacun un grappin , & que quand ils feroient certains d'être à l'endroit que leur alloit indiquer ledit Fleury , ils euffent à gratter avec force , & à relever enfuite lefdits grapins. Nous nous fommes approchés, & avons vu que les pointes en étoient éclaircies , & qu'elles n'étoient chargées d'aucunes parties marneufes qui puiffent juftifier la déclaration dudit Fleury : après quoi un des Matelots ci-deffus nommés , a plongé à cet endroit , & en a apporté une très-groffe bitte.

Cet endroit fe trouve dans l'alignement du premier angle de la digue d'enceinte, du côté de l'Oueft ; & de la cheminée de la Manufaĉlure Royale du tabac, du côté de l'Eft.

LE 22: MARÉE DU SOIR.

Néant.

LE 23: MARÉE DU MATIN.

La mer étant trop groffe pour continuer l'opération avec les chaloupes , on a été obligé de répéter les fondes , de la manière qu'on les avoit

avoit faites hier à la marée du matin, 22 du préſent ; c'eſt-à-dire , que les nommés Louis Clément, Jean - Prudent Clément , Joſeph Deleſtre, Philippe Deleſtre, François Fleury , & Fleury fils, ſe ſont mis à l'eau , ayant en main les uns une pince de fer, de la longueur de trois pieds & de-mi, les autres un grappin; &, après avoir cherché avec les pieds, la roche marneuſe, ou enrochement de bittes , ils ont fait uſage chacun de leurs uſtenſiles, & ont tiré du fonds, de très-groſſes bittes de différentes formes, & garnies de plantes marines & de coquillages, comme il a été dit ci-deſſus. Toutes les perſonnes ci-deſſus nommées , ont remarqué que leſdites bittes étoient noirâtres pardeſſous , & chargées de parties de ſable, ou de vaſe ſablonneuſe : ce qui indique qu'elles ne touchoient pas à un fonds de roche marneuſe.

Un des Matelots, que l'on a dit être Louis Clément , ayant été plus loin que ſes camarades , & ayant ſenti qu'il ceſſoit de marcher ſur des bittes, a enfoncé une pince à deux pieds environ de profondeur, dans l'endroit où il étoit : enſuite il eſt venu ſur le bord de la mer, dire que le fonds dans lequel il venoit d'enfoncer ſa pince, étoit de vaſe noire ſablonneuſe.

Les ſix hommes qui étoient employés à l'extraction deſdites bittes, ſe ſont retirés de l'eau à ſept heures. Le nommé François Fleury , qui, dans les marées précédentes , nous avoit aſſuré l'exiſtence de la roche, eſt convenu, ainſi que ſes camarades, que, malgré la recherche la plus ſcrupuleuſe, ils n'avoient trouvé qu'un fonds de bittes & ſable.

Il a été retiré vingt-ſix bittes de différentes groſſeurs qui ont été miſes ſur le ſable pendant l'opération ; après laquelle deux manœuvres s'occupoient à les retirer , pour les dépoſer dans le bureau du Magaſin du Roi , ainſi qu'on avoit fait la veille. Dix de ces bittes étoient déja apportées ſur la berme de la quatrième partie de la digue d'en-ceinte du côté de l'Oueſt , lorſque MM. Arnoys , Porion , Gouvion & autres s'en ſont apperçus, & ont donné des ordres pour qu'on les laiſsât où elles étoient. M. de Chaubry à qui on en a rendu compte, a dit de faire ce qui conviendroit à ces Meſſieurs , quoique les ouvriers qui ont tiré ces bittes fuſſent payés par le Roi.

M

L'opération s'eſt faite ſous les yeux de M. Chaubry, & des ſieurs Degaſparis, Hardy & Deſormeaux d'une part ; de MM. Arnoys, Blanquet, Porion, Gouvion, deux Maîtres de bateau, dont un ſe nomme Belhomme, & pluſieurs matelots du Port, d'autre part.

Le ſieur Auvray, Capitaine de navire, qui a aſſiſté aux opérations précédentes, étant arrivé à ſept heures pour prendre connoiſſance de celle qui venoit de finir, le même réſultat lui fit dire qu'il n'avoit jamais exiſté de roche continuë & marneuſe, mais bien un enrochement de bittes qui ne pouvoit nuire à la navigation, ſe trouvant à trois pieds au-deſſous du niveau des baſſes-mers de vive-eau. Le nommé Belhomme lui répondit, que s'il n'étoit pas Capitaine de M. Olivier, & envoyé par lui, il ne raiſonneroit pas ainſi ; & que le nouveau Port pour lequel il paroiſſoit s'intéreſſer, devoit néceſſairement être mauvais, les Jetées étant trop courtes, & cachées par la ville. A quoi ſedit ſieur Auvray à obſervé qu'il n'étoit point appellé pour diſcuter les avantages ou déſavantages du nouveau Port, mais bien pour reconnoître la nature du fond aux abords, & en avant de la digue d'enceinte.

Les ſieurs Olivier & Clémence ſont arrivés un inſtant après : il leur a été dit à-peu-près la même choſe, de la part de Me Belhomme, & de deux autres marins. Leur réponſe a été à-peu-près celle de M. Auvray.

Ledit Belhomme & un autre Maître de bateau étant venus chez le ſieur Hardy, où étoient les ſieurs Degaſparis, Deſormeaux & les ſix Matelots dénommés ci-deſſus, ont paru n'avoir aucune connoiſſance du nouveau Port, & ont dit que le Port aĉuel étoit très-commode, depuis qu'on avoit fait les deux digues de barrage, & que l'on avoit chaſſé : que depuis ce temps il n'étoit point arrivé de naufrages, & qu'un autre Port, quel qu'il ſoit, ne pouvoit être meilleur.

MARÉE DU SOIR.

Néant.

LE 24: MARÉE DU MATIN.

Pour s'affurer de plus-en-plus de la nature du fonds, aux abords, &
en avant de la digue d'enceinte, on a fait apporter la fonde ou tarière
dont il a été parlé ci-devant : enfuite on a chargé les fix Matelots
nommés dans le Procès-verbal du 23, de fe mettre à l'eau, de chercher l'endroit le plus garni de bittes, & de l'indiquer au fieurs Degafparis, Hardy, & Jacques Deleftre qui étoient dans un canot. On
en a trouvé plufieurs : entr'autres un plus large, plus garni de bittes,
& plus raboteux que les autres, a mérité plus d'attention. On a ap-
proché le canot, & au moyen d'une gaffe, & d'une pince de fer de la
longueur de trois pieds environ, on s'eft affuré que toute cette partie
étoit bien garnie de bittes, & pouvoit effectivement donner l'idée d'un
enrochement : on s'eft décidé à y faire une fonde, & on y a procédé de la manière fuivante.

On a pofé la pince dans cet endroit : enfuite deux Matelots armés
chacun d'une maffe de fer, ont frappé deffus ; les bittes fe font dé-
jointes, & ladite pince a entré facilement : on la retirée, & on y a
fubftitué la fonde qui a été enfoncée toute entière, jufqu'au niveau de
l'eau en douze minutes ; &, comme il y avoit à-peu-près deux pieds &
demi d'eau, elle s'eft trouvée enfoncée dans le terrain d'environ neuf
pieds & demi. Elle a été retirée très-facilement, & apportée fur le
bord de la mer où étoient MM. Defgranges, Clémence, Auvray,
Déformeaux, &c., qui, après l'examen qu'ils en ont fait, ont reconnu
qu'elle n'étoit chargée que de parties de terre glaifeufe, vafe noire &
fable propres à faire briques & tuiles.

L'opération a fini à huit heures : on a dépofé la fonde dans cet état
au bureau du Magafin du Roi.

M 2

MARÉE DU SOIR.

Néant.

LE 25: MARÉE DU MATIN.

On a regardé cette marée comme la dernière de cette vive-eau : on s'eft muni de deux fondes & de pièces néceffaires aux opérations qu'on fe propofoit de faire. Trois canots fe font trouvés à fept heures, & les perfonnes ci-deffous nommées, s'y font embarquées dans l'ordre fuivant. PREMIER CANOT ; MM. Defgranges, deux frères Clémence, Capitaines, Auvray, Capitaine, & Dujardin, auffi Capitaine, avec quatre Matelots nommés le Duc, Chevalier, Auvray & Fromentin. Ces perfonnes fe font occupées à reconnoître la nature du fonds, depuis le Parc aux huîtres, jufqu'aux abords de la Jetée de Dieppe : ils l'ont trouvé le même que celui dont il a été parlé dans les opérations précédentes ; c'eft-à-dire, partie garnie de bittes, partie garnie de fable, & même hauteur d'eau ; excepté devant l'entrée du Port actuel qui fe trouve plus profond à caufe du courant de la rivière. DEUXIEME CANOT ; Hardy, Déformeaux, Jacques Deleftre, Philippe Deleftre, Jofeph Deleftre, Louis Clément, & Jean-Prudent Clément. TROISIÈME CANOT ; Degafparis, Defnoyers, François Fleury père, Fleury fils, Etienne Defranti, Pierre Biloquet, & Jean Bourdelle. Ces deux derniers, après avoir cherché à la gaffe, les endroits garnis de bittes, ont mouillé, ayant une ancre devant & derrière, & ont procédé aux fondes de la manière fuivante. On a enfoncé une pince à coup de mail : enfuite on y a fubftitué une fonde ou tarrière qui a été enfoncée à huit pieds & demi, & retirée en quinze minutes. Deux autres fondes ont eté faites dans des endroits différents. Les tarrières ont été portées au haut du galet, à la fin de chaque opération, pour les faire voir à M. Defgranges, qui étoit forti du canot pour aller rejoindre nombre de fpectateurs, tous Citoyens de cette Ville, qui étoient fur la digue.

Le réfultat de ces trois fondes a été le même que celui de la marée d'hier 24; c'eft-à-dire, terre glaifeufe & vafeufe, mêlée de fable : après quoi le nommé Fleury eft convenu publiquement, qu'il fe reconnoiffoit dans l'impoffibilité de trouver la roche indiquée; & comme la mer montoit, ou a terminé l'opération.

Signé : François Clémence. — H. R. Auvray. — J. M. Dujardin. — J. Clémence. — Jofeph Deleftre. — Michel-Colin Olivier. — Louis-Jean-François Clément. — Chaubry. — Defgranges. — Jean Bourdelle. — Hardy. — Degafparis. — † Croix de Pierre Biloquet. — Hardy. — † Croix d'Etienne Defranti. — Abraham Leduc. — Jacques Deleftre. — Louis-Jean-François Clément, pour Prudent Clément, fon frère. — La marque † de M. François Auvray. — Philippe Deleftre. — Fromentin. — Fleury. — Fleury fils.

*Eclaircissements fur l'ouverture de l'angle ayant pour
sommet les rochers de l'Ailly, & pour extrémité de ses
côtés, les têtes des Jetées de l'Ouest de l'ancienne & de la
nouvelle Passe, indiquée progressivement jusqu'à 1000
toises au large du Cap de l'Ailly.*

Comme on a fait une objection importante & capitale, de la différence de position de la Passe actuelle, à celle qui est projetée par rapport aux rochers de l'Ailly, on a cru devoir constater avec le plus
grand soin, & dans le plus grand détail, l'ouverture de l'angle formé par deux lignes partant des têtes des Jetées, & allant se réunir
aux rochers de l'Ailly.

MM. les Ingenieurs l'ont annoncé de deux degrés & demi à trois
degrés : MM. les opposants le disent de huit degrés.

On joint ici le relevé exact de cet angle.

Des têtes des Jetées au pied de la Falaise,
il est de » » » » » » » » » » » » » » » » » » » 2 degrés 5 minutes,

		degrés	minutes
A 100 toises plus en mer, il est de » » » »		2	10
A 200 toises plus en mer, il est de » » » »		2	15
A 300 » » » » » » » » » » » » » » »		2	17
A 400 » » » » » » » » » » » » » » »		2	23
A 500 » » » » » » » » » » » » » » »		2	28
A 600 » » » » » » » » » » » » » » »		2	32
A 700 » » » » » » » » » » » » » » »		2	37
A 800 » » » » » » » » » » » » » » »		2	41
A 900 » » » » » » » » » » » » » » »		2	46
A 1000 » » » » » » » » » » » » » » »		2	50

On sait que les navires ne peuvent pas raser la Falaise ; mais les rochers ayant environ quatre-cents toises de longueur, un navire qui passeroit à l'extrémité, n'auroit à rattraper sur deux lieues de longueur,

qu'une différence de deux degrés vingt-trois minutes : enfin celui qui passeroit à mille toises de la Falaise, & , par conséquent, à six-cents toises du rocher, n'auroit à rattraper qu'une différence de deux degrés cinquante minutes. On a donc eu raison de dire que l'angle étoit de deux degrés & demi à trois degrés.

Ce sont là des vérités qui se prouvent géométriquement, comme on a prouvé physiquement la non - existence du banc de rochers en face du nouveau Chenal, & comme chacun peut se convaincre de l'existence des rochers qui entourent la Jetée de l'Est, & tapissent le Chenal actuel.

F I N.

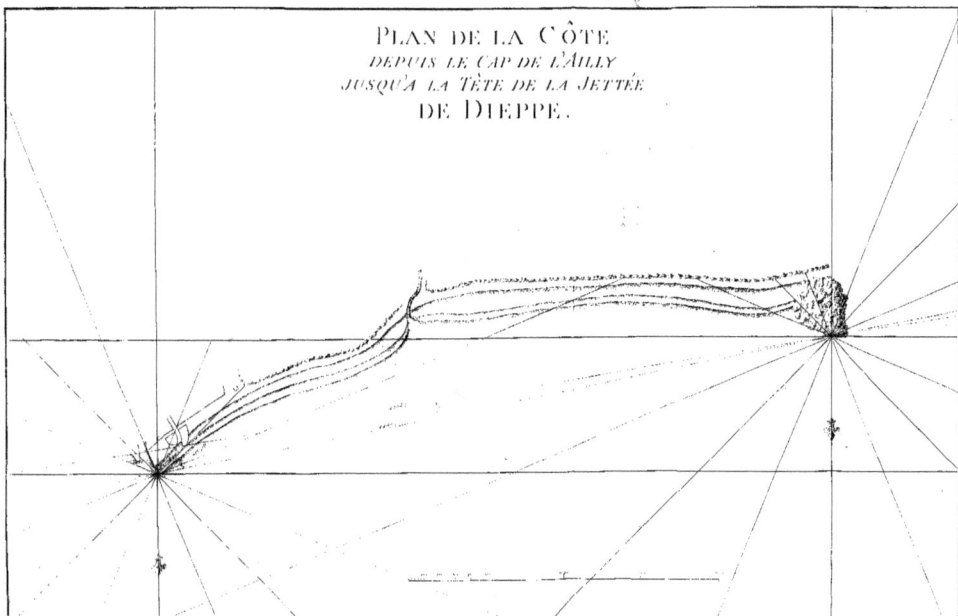

PLAN DE LA CÔTE
DEPUIS LE CAP DE L'AILLY
JUSQU'A LA TÊTE DE LA JETTÉE
DE DIEPPE.

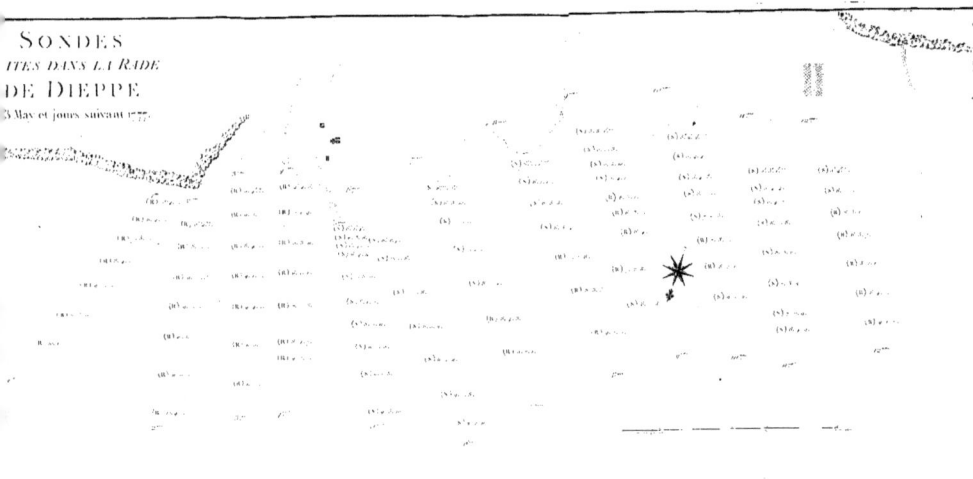

SONDES
ITES DANS LA RADE
DE DIEPPE.
3 May et jours suivant 1777.

MÉMOIRE

SUR

Le Port de Dieppe,

ET PRINCIPALEMENT

Sur la Nouvelle Paſſe.

A DIEPPE:
DE LA SEULE IMPRIMERIE.

M. DCC. LXXXIX,

AVERTISSEMENT.

CE Mémoire, composé en 1787, a été lu à Paris, dans l'Assemblée des Ponts & Chaussées, accompagné de tous les Plans y relatifs.

Le projet a été difcuté dans plusieurs Comités composés de personnes recommandables à tous les titres, & de beaucoup d'Ingénieurs & d'Officiers de la Marine très-instruits ; il a été communiqué à un grand nombre de Négociants & de Marins très-éclairés. Les circonstances actuelles ont paru demander qu'on le rendît public par la voie de l'impression.

MÉMOIRE.

OBSERVATIONS GÉNÉRALES
sur le Port & la Ville de Dieppe.

L e b u t de ce Mémoire n'étant pas essentiellement de prouver l'importance du Port de Dieppe, qui est suffisamment connue de cette Assemblée, nous passerons rapidement sur cet article, & nous nous contenterons de rappeller ici, que ce Port est le plus voisin de la Capitale du Royaume; que, par conséquent, c'est de ce côté qu'elle est le plus près de l'ennemi, & , en même-temps, le plus à portée de tout commerce maritime :

Que cette Ville eſt au premier rang, comme Port de Pêche; & que ſi le Canal de Dieppe à l'Oiſe étoit fait, ſon commerce prendroit la plus grande extenſion; d'autant que le local eſt très-favorable pour tous les établiſſements qui ſont une ſuite de la proſpérité des Villes, & qui l'augmentent à leur tour.

Enfin, en ne conſidérant ce Port & ſon commerce, que pour le moment actuel; en ne le conſidérant même que comme le premier Port de Pêche du Royaume, il mérite encore la plus grande faveur du Gouvernement.

Effectivement, les Ports de Pêche ſont, ainſi qu'on ne peut trop le répéter, la pépinière des Matelots; de ces hommes ſi néceſſaires à la France, voiſine & rivale de la première Puiſſance maritime connue.

Non-ſeulement les Ports de Pêche forment & occupent un grand nombre de Matelots, mais ces Matelots ſont infiniment meilleurs que ceux qui font le grand commerce. Les premiers ont une vie dure & active, parce qu'ils ſont occupés jour & nuit aux manœuvres périlleuſes, que néceſſitent l'entrée & la ſortie des Pôrts; & parce qu'à la mer ils font continuellement employés à la pêche du poiſſon; au-lieu que dans les voyages de long cours, les ſeconds n'ont preſque rien à faire. Enfin, les Pêcheurs, qui s'éloignent peu de leur habitation, conſervent leurs mœurs, & ſont tous pères d'une nombreuſe famille; pendant que les autres ruinent leur ſanté, dans les voyages de long cours, & dans les pays chauds qu'ils fréquentent.

De la position des Jetées actuelles, comparées à celles qui doivent former la nouvelle entrée.

On connoît la mauvaise position des Jetées actuelles, qui font trop près de la falaise du Pollet ; on fait qu'un navire poussé d'un grand vent d'Ouest, s'il manque l'entrée du chenal, est jeté aussi-tôt au pied de ces falaises, où il périt corps & biens : accident qu'on ne peut absolument éviter, vu que le courant qui s'établit dans la Manche, à mer montante, entraîne avec lui, le navire déjà poussé par le vent d'Ouest. Le nouveau projet, en plaçant le chenal au milieu de la vallée, comme on le voit par le Plan, donnera aux navires qui manqueront leur entrée, la facilité de courir un bord au largue.

Dans l'état actuel des choses, il n'y a que 50 toises de l'entrée du chenal au pied de la falaise du Pollet. Un navire qui dérive, poussé par le vent, & entraîné par le courant, fait ce petit trajet en 50 ou 60 secondes ; ce qui ne lui donne pas le temps nécessaire pour changer fes manœuvres, afin de courir un bord au largue. Mais le nouveau projet plaçant le chenal au milieu de la vallée, à plus de 300 toises de ces mêmes falaises, fi le navire manque fon entrée, il s'écoulera plus de fix minutes avant qu'il foit en danger ; & c'est plus qu'il n'en faut pour faire fa manœuvre : elle est d'autant plus aifée en pareil cas, que par les vents d'Ouest & Ouest-Sud-Ouest, qui font les plus difficiles pour l'entrée des navires, ils ont grand largue pour rentrer en mer ; & ce vent est très-favorable pour faire route. Enfin, fi le temps avoit été affez gros pour brifer les manœuvres, on en feroit quitte pour faire échouer le navire fur la plage, fous l'abri de la Jetée de l'Eft, où l'on fauveroit fûrement l'équipage, & très-vraifemblablement, le navire & la cargaifon.

Les Eclufes de chaffe & tous les travaux faits jufqu'à-préfent, ont été dirigés conformément à ce projet, dont l'avantage ne peut être contefté, & dont l'exécution ne peut être abandonnée.

Ceux qui ne connoiffent qu'imparfaitement le Port, & tous les dangers auxquels font expofés les navires qui le fréquentent, ne feront peut-être pas convaincus de la néceffité qu'il y a de reporter le chenal au milieu de la vallée : ils fuppoferont vraifemblablement des raifons à nos pères, pour avoir placé l'entrée où elle fe trouve actuellement. On dira, pour les raffurer à cet égard, qu'il eft prouvé par l'Hiftoire de Dieppe & par des faits inconteftables, qu'autrefois l'entrée étoit au milieu de la vallée ; que la rivière d'Arques y avoit fon embouchure. Dans un temps plus reculé, l'entrée, encore plus à l'Oueft, étoit au pied de la falaife du Château; mais le galet qui vient conftamment du côté de l'Oueft, a toujours repouffé la rivière vers l'Eft, & l'a collée, pour ainfi dire, au pied de la falaife du Pollet, où elle s'eft fixée, ne pouvant être pouffée plus loin. C'eft fur les bords de cette rivière, qu'on a élevé les murs qui forment le chenal actuel : on n'a point choifi la pofition ; on a conftruit d'après celle qui exiftoit.

DISPOSITION GÉNÉRALE DU PROJET
de la nouvelle Paſſe.

Le nouveau chenal aura 120 pieds de largeur de dedans en dedans : il ſera ouvert à-peu-près au milieu de la vallée , en face des Ecluſes de chaſſe, dans la direction Nord-Oueſt-quart-Nord , au Sud-Eſt-quart-Sud : il ſera conſtruit en mur plein ſur 70 toiſes de longueur , à partir du Port ; le reſte allant vers la mer , le ſera en claires-voies portant tillac, & poſant ſur un ſocle de maçonnerie élevé de 4 pieds au-deſſus des baſſes mers de morte-eau.

Derrière les claires-voies ſeront des glacis très-étendus, où la lame viendra s'amortir.

La tête de chaque Jetée ſera garantie par des murs en retour , comme on le voit par le Plan.

De la forme qu'il convient de donner aux Jetées , par rapport aux Écluſes de chaſſe , pour en obtenir le plus grand effet.

Les pouliers de galet , dans l'intérieur du chenal , ſe forment à 40 toiſes environ de la tête de la Jetée qui ſoutient le galet ; il eſt apporté par le remoux de la lame qui le dé-poſe comme dans un point d'équilibre , parce que la mer eſt trop tourmentée pour le ſouffrir à la tête de la Jetée , & que la lame n'a pas aſſez de force pour le porter plus avant dans le chenal.

L'objet des Éclufes de chaffe étant d'enlever ce poulier toujours renaiffant , on a cru devoir tracer la Jetée
de l'Oueft en ligne courbe , la partie concave en dedans
du chenal ; 1°, parce que le courant des Éclufes frappera
plus directement , & avec toute fa force , ce point de
ftation pour le galet ; 2°, parce que tout corps mû circu-
lairement , tendant à s'échapper par la tangente , les eaux
fe porteront conftamment au pied de cette Jetée contre
lequel le galet s'accumule. Or , fi on ne forçoit pas les
eaux , pour ainfi dire , à fuivre cette direction , elles ne
manqueroient pas de s'échapper par l'endroit le plus bas ,
qui feroit toujours le pied de la Jetée de l'Eft , puifque
le galet vient conftamment s'accumuler au pied de celle
de l'Oueft.

Prefque toutes les Jetées qui fixent l'entrée des Ports
de la Manche , ont été évafées , l'une à droite , & l'autre
à gauche ; fur-tout celle qui foutient le galet , dans l'ef-
poir vraifemblablement de l'envelopper , en quelque forte ,
par cette forme , & peut-être auffi pour favorifer l'entrée
des navires. Il convient de prouver ici que cette forme
n'arrête point le galet , & quand il fera queftion de la
difpofition des Jetées , par rapport aux navires qui doivent
entrer ou fortir , on prouvera que cet évafement en de-
hors n'eft point néceffaire fous ce rapport.

Il paffe environ 3000 toifes cubes de galet par an , devant ce Port ; il eft produit par la deftruction des falaifes ,
depuis le Cap d'Antifer jufqu'à Dieppe , & roulé de
l'Oueft à l'Eft par les vents règnants. Ce font là de ces
grands effets de la nature qui font conftants dans leur

marche ,

marche, & que l'induſtrie humaine ne peut changer. Il paſſera tous les ans la même quantité de galet à la tête des Jetées, quelque forme qu'on leur donne, quelque longueur même qu'elles aient ; à moins que tous les ans, on ne les ralonge ſuffiſamment pour ramaſſer, pour ſe charger des 3000 toiſes cubes qui viennent conſtamment du côté de l'Oueſt ; car, dès que le galet a gagné la tête de la Jetée, il la dépaſſe néceſſairement, ſi un nouveau prolongement ne vient arrêter ſa marche.

La diſpoſition des Jetées, qu'on propoſe d'établir ſur un Plan circulaire, procure encore un avantage aſſez important ; celui de couvrir entièrement l'Avant-Port & les Écluſes de chaſſe contre les vents de Nord, & même contre l'ennemi, en temps de guerre.

De la diſpoſition des Jetées par rapport aux navires qui doivent entrer & ſortir.

On croit avoir prouvé que l'évaſement en dehors de la Jetée de l'Oueſt, eſt indifférent pour contenir le galet ; on penſe auſſi qu'il n'eſt point néceſſaire pour l'entrée des navires, & que la courbe qu'on propoſe, quoiqu'en ſens contraire, n'y apportera aucun obſtacle. Les vents les plus oppoſés à l'entrée des navires, & qui peuvent, plus que tout autre, faire dépaſſer l'entrée du Port, ſont ceux qui longent les Côtes, & qu'on appelle vents routiers ; & il eſt aiſé de prouver qu'avec ces vents, les plus défavorables de tous, un navire peut entrer auſſi facilement dans le Port, que ſi la Jetée avoit la courbure contraire.

B

Pour le démontrer, on a tracé fur le Plan, la ligne
AA des vents routiers qui va Oueft-Sud-Oueft, Eft-
Nord-Eft; on fait qu'un navire peut aller au plus près à
fix quarts, ce qui fait 67 degrés & demi : on a tracé fur le
Plan, une ligne BB qui donne dans le Port, & l'on voit
qu'elle fait avec celle des vents routiers, non-feulement
l'angle demandé, mais celui de 73 degrés; ce qui affure
l'entrée du Port aux navires qui vont le moins bien contre
le vent. Enfin on voit que les lignes AA, BB qui indiquent
la marche du navire, le conduifent dans le chenal, comme fi la courbe n'exiftoit point, ou même étoit en fens
contraire. On a fait la même opération vis-à-vis l'entrée
actuelle, afin de faire voir qu'il y a parité des deux côtés :
ce qui prouve qu'on peut donner fans inconvénient à la
Jetée de l'Oueft, la forme la plus convenable pour le jeu
des Éclufes de chaffe. (a)

A ces raifons, nous en ajouterons une autre, qui fera faifie
par tout le monde.

Le poulier de galet qui fe forme dans le chenal, au
pied de la Jetée de l'Oueft, oblige les navires à s'en éloigner, & à décrire une courbe femblable à celle que l'on
donne à la nouvelle Jetée. Cette forme ne peut donc nuire
aux navires, puifqu'ils fuivront toujours la même ligne;
feulement ils raferont la Jetée, au lieu du poulier, qui,
dans la Paffe actuelle, expofe les navires, les éloigne de la
Jetée, & les empêche d'en recevoir du fecours. C'eft donc
par cette nouvelle forme, mettre la Jetée à la place du poulier; c'eft-à-dire, mettre des facilités à la place d'un écueil.

(a) Le Plan ne paroîtra que vers la fin du mois.

La tête de la Jetée de l'Ouest dépasse celle de l'Est , de manière qu'il se trouve 50 toises de l'une à l'autre, ainsi que cela a été demandé par les Marins ; parce que les navires qui viennent du Sud au Sud-Ouest , sont souvent obligés de donner un grêlin à terre , & qu'ils doivent s'appuyer dessus, avant de toucher la Jetée de l'Est: cela est fondé sur l'expérience. Cependant, comme il y aura plus de calme à la tête des nouvelles Jetées , qu'il n'y en a maintenant, & comme il y aura moins de courant quand la mer ne montera plus dans la vallée , on présume que cette distance de 50 toises , à laquelle les Marins ont semblé se restreindre, leur paroîtra très-grande alors: on peut encore ajouter que, dans ce moment, les navires font obligés de tourner le poulier, ce qui les éloigne de la Jetée de l'Ouest ; & que ce poulier n'existant plus, ils raseront la tête de cette Jetée qu'ils ne quitteront point : un seul coup de gouvernail donné à la tête, les fera longer la Jetée ; un seul instant suffira pour les mettre à l'abri, & n'étant plus forcés de s'approcher de la Jetée de l'Est , ils n'auront presque jamais besoin du grêlin , qui ne sert qu'à les empêcher de toucher cette Jetée , ou de la dépasser. Cependant, comme on ne voit pas qu'il puisse résulter d'inconvénient de cette disposition, qui tend à faciliter l'entrée & la sortie des navires , on a cru devoir s'y conformer dans le projet qu'on joint ici.

Il sera nécessaire de faire des murs en retour des deux Jetées , l'un allant à l'Ouest , & l'autre à l'Est. Outre que ces murs garantiront les têtes des Jetées , de la lame qui tendroit à les tourner (ce qui les exposeroit continuelle=

ment), ils fermeront l'efpace deftiné aux glacis derrière les claires-voies ; ils formeront quai de halage , & feront très-utiles pour donner du fecours aux navires qui entreront ou qui fortiront. Cela eft fi aifé à concevoir, qu'on ne croit pas devoir s'appefantir fur cet objet.

De la néceffité de fournir un moyen d'extenfion à la lame , au moment où elle fe préfente dans le Chenal ; de la véritable utilité des Claires-voies & des Plans inclinés ; des parties qui doivent être en claires-voies , & de celles qui doivent être en mur plein.

Toutes les Jetées, jufqu'à - préfent , font de véritables écueils pour les navires : ils ne courent jamais plus de rifque, qu'au moment où ils fe préfentent pour entrer dans le Port ; & les têtes des Jetées femblent moins faites pour offrir un afyle à nos vaiffeaux , que pour effrayer un ennemi qu'on craindroit de voir entrer dans le Port.

Cette vérité eft aujourd'hui reconnue : mais on n'a point encore remédié à l'inconvénient ; & , comme on ne peut s'autorifer d'exemples en grand , il faut raifonner par analogie , & s'appuyer fur des principes , qui , comme l'expérience , deviennent un flambeau pour l'homme inftruit.

Les Jetées, du moins fur les côtes de la Normandie , font faites comme un entonnoir , dont la grande ouverture eft du côté de la mer ; elles font conftruites en mur plein du haut en bas. Les lames qui fe préfentent à l'entrée, font foutenues par la réaction des murs du chenal, contre lequel elles courent avec une impétuofité terrible ; elles confervent

toute leur élévation , & même elles acquièrent de l'activité,
à mefure que le chenal fe rétrécit , parce que ces murs font
l'effet des courfiers qu'on emploie en hydraulique , pour
augmenter l'effort de l'eau ; de forte que les navires font
plus tourmentés , plus en danger à l'entrée , & dans le chenal
même , qu'ils ne le font en pleine mer.

Pour éviter cet inconvénient , & pour donner le plus de
calme poffible, à la tête des Jetées, dans le chenal, & même
dans l'avant-port , il faut augmenter la fection de l'eau ; il
faut lui fournir un moyen d'extenfion , au moment où
elle entre dans le chenal.

C'eft pour remplir cet objet , qu'on propofe de fuppri-
mer les murs du chenal , du moins dans leur partie fupérieure , & d'y fubftituer des claires-voies , derrière lefquelles fera un vuide confidérable. La lame y trouvant plus
de largeur qu'elle n'en avoit à fon entrée , elle s'étendra
dans le vuide , en perdant de fa hauteur , & , par conféquent, de fa force ; elle paffera à travers les claires-voies ,
& ira s'amortir doucement fur le Plau incliné qui fera
derrière.

Cette difpofition procurera néceffairement un très-grand
calme. On ne peut donner pour preuve, un chenal entièrement conftruit d'après ces principes ; mais on fait que , par-
tout où l'on a fait l'effai des claires-voies , quoiqu'en petit ,
& notamment au chenal actuel de Dieppe , elles ont procuré
le plus heureux effet , quand on a laiffé du vuide derrière.
On fait auffi , par un grand nombre d'expériences générales & particulières , & par les principes ordinaires de la
mécanique , que les Plans inclinés qui oppofent une réfif-

tance oblique & fucceffive, amortiffent prefque fans effort, les chocs les plus violents ; & la lame qui culbuteroit en peu les ouvrages les plus folides, élevés perpendiculaire-ment, s'ils n'étoient entretenus avec foin, vient mourir doucement fur la plage compofée de galet & même de fable fans liaifon, pourvu que le Plan foit incliné. (1)

C'eft peut-être ici l'occafion de faire quelques obferva-tions générales fur l'entrée des Ports de mer. Sur toutes les côtes de la Normandie, où l'on eft continuellement affiégé par le galet, on a été forcé, en quelque façon, de faire de longs murs à - peu - près parallèles, pour entretenir conftamment un chenal au milieu : or on a prouvé combien ces difpofitions étoient dangereufes pour la navigation.

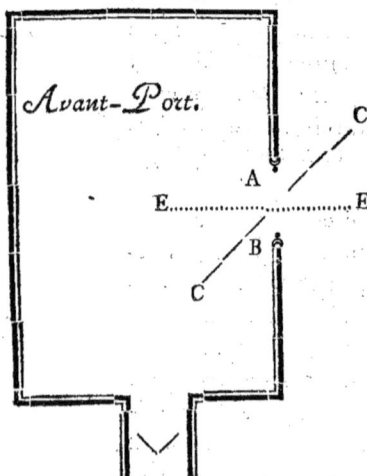

Dans la Méditerranée, en An-gleterre, & par-tout où l'on ne craint point les rapports de la mer, on a de fimples murs de Quai, comme on le voit par la figure ci-jointe. Derrière ces murs, eft un grand Avant-Port où la lame s'amortit fans effort, en s'incor-porant avec toute la maffe d'eau qui s'y trouve. Suppofons l'ouver-ture AB de 20 toifes, & l'Avant-Port de 200 toifes de largeur; (car c'eft la largeur principalement qu'il faut confidérer ici): Main-nant, s'il fe préfente à l'entrée,

(1) Ces obfervations font inconteftables, puifqu'elles tiennent aux

une lame de 10 pieds de hauteur , elle eft obligée de s'étendre fur 200 toifes de largeur , de mettre en mouvement
une maffe d'eau dix fois plus confidérable qu'elle ; & l'on
fent qu'elle ne peut le faire, fans affoiblir fon mouvement
dans la même proportion. On voit donc que le calme doit
régner dans cet Avant-Port, quelque groffe que foit la
mer.

D'après ces réflexions, on ne peut s'empêcher de defirer
que tous les Ports foient ainfi difpofés : mais, il faut en convenir , le galet qui vient continuellement encombrer l'entrée des Ports de la Normandie , ne permet pas d'adopter
entièrement ce genre de conftruction.

Cette objection cependant ne doit pas faire renoncer au
grand avantage d'avoir un Avant-Port tout près de l'entrée;
il faut feulement que cela ne nuife point à l'effet des Eclufes
de chaffe ; & l'on croit avoir rempli ce double objet , en
formant derrière les claires-voies , un vuide confidérable,
qui fera l'effet d'un Avant-Port, & en plaçant ces claires-
voies fur un focle en maçonnerie, élevé fuffifamment pour
contenir & diriger les eaux des chaffes.

On ne diffimule pas néanmoins que les Ports conftruits
fuivant la figure ci-jointe, ont un grand avantage que l'on
ne peut procurer à ceux de la Normandie: c'eft que les navires y entrent, fans être obligés de s'appuyer fur un grê-

---

faits ; mais de plus elles font d'accord avec les principes de la mécanique, parce que les Plans inclinés ne permettant pas l'ifochronifme des
lames , elles fe détruifent néceffairement l'une par l'autre.

lin, auquel eft confié tout le deftin du vaiffeau. Le Marin fe préfente avec confiance entre les deux môles ; il fuffit qu'il les dépaffe, foit perpendiculairement fuivant la ligne EE, foit obliquement fuivant la ligne CC : comme il n'y a point de barrière fur la longueur, il fuit la ligne où fon aire de vent le porte ; & le calme qui règne dans l'Avant-Port, le laiffe maître de gouverner fon navire, qu'il fait aborder où il veut.

On pourroit fans doute faire ici un Avant-Port femblable ; mais il faut des murs pour diriger l'eau des chaffes, & ces murs cachés fous l'eau, feroient un écueil inévitable, s'ils n'étoient pas couronnés par une claire-voie qui dirigeât les navires, & fervît en même-temps à les haler dans la longueur du chenal : c'eft là effentiellement l'utilité des claires-voies ; car c'eft le vuide qui eft derrière, qui amortit la lame.

On peut remarquer que les deux môles qui fervent de Paffe, font ici à la même hauteur : ce qui ne fe trouve pas dans le projet qu'on donne pour Dieppe. On en a dit la raifon : c'eft pour le cas très-fréquent, où les navires font obligés de s'appuyer fur un grêlin.

Comme il ne fuffit pas que les navires, une fois entrés, trouvent du calme dans le chenal, mais qu'il faut encore qu'ils en trouvent le plus poffible à la tête des Jetées, on en conclud tout naturellement, qu'il faut, s'il eft poffible, y amortir la lame, en y pratiquant un plan incliné : c'eft ce qu'on propofe, comme on le voit par le Plan. On a fait, en 1784, à la Jetée de Dieppe, un plan incliné à-peu-près femblable ; il a produit un très-bon effet ; il fera plus fen-
-fible

fible ici, parce que le Plan incliné est plus confidérable; &
l'effai qu'on a déjà fait, femble répondre du fuccès de ce
qu'on propofe. Effectivement, l'inftant où les navires fe
préfentent pour entrer, étant le plus critique, ce feroit
manquer fon objet, fi on n'apportoit pas le plus grand
calme poffible à la tête des Jetées, fur-tout de celle de
l'Oueft, que les navires font obligés de rafer, quand ils
entrent dans le Port. C'eft le moment de crife, c'eft celui
dont il faut s'occuper effentiellement; & fi on ne mettoit
des plans inclinés que le long du chenal, on diroit avec
raifon, que l'on ne vient au fecours des navires, que quand
le plus grand danger eft paffé.

On croit donc, par toutes ces raifons, qu'il faut pratiquer, dans la tête de la Jetée de l'Oueft, un plan incliné, fur lequel feront des claires-voies qui porteront
tillac : mais on penfe qu'il convient de faire entièrement
en pierres de taille, la tête de l'Eft ; 1°, parce que la
grande Jetée abrite la petite, des lames qui viennent
de l'Oueft ; 2°, parce que les navires qui cherchent à
s'approcher de la Jetée de l'Oueft, quand ils entrent,
évitent autant qu'ils le peuvent, dans les gros temps,
de s'approcher de celle de l'Eft, & qu'un mur plein
en maçonnerie, qui repouffe fortement la lame, ne
paroît pas ici un inconvénient ; 3°, parce que le courant
qui vient du côté de l'Oueft, à mer montante, entre dans
le Port par la Jetée de l'Eft ; & que s'il y avoit là une
claire-voie, le courant qui porte dans le chenal, s'établiroit au travers, au-lieu de contourner la tête de la Jetée.
Le navire qui, dans un calme, fe trouveroit dans cette ver-

C

hole, seroit donc porté sur la claire-voie, au-lieu d'être amené dans le chenal. (1)

On observera que le mur en retour, du côté de l'Oueft, fera circulaire dans son plan, la partie convexe tournée du côté de la mer. Cette difpofition divifera plus facilement la lame : elle ne lui permettra pas de courir tout le long du mur, auffi facilement que s'il étoit en ligne droite.

Mais on penfe qu'il faut faire en ligne droite, comme on le voit par le Plan, le mur en retour du côté de l'Eft. L'agitation de la mer, dont les lames tendent par leur chûte à affouiller les murs, eft utile ici ; & ce mur étant toujours purgé de galet, celui qui fera roulé par la lame à l'entrée du chenal, en trouvera plus de facilité pour dépaffer les têtes des Jetées : il fe précipitera dans la partie affouillée. C'eft un ennemi dont il faut fe débarraffer : il ne fuffit pas de le chaffer ; il faut encore lui procurer des moyens de fuite.

On a dit que le focle qui fupporte les claires-voies, fera élevé de 4 pieds au-deffus des baffes-mers de morteeau ; ce qui eft très-important, afin qu'on puiffe y aller à toutes les marées, quand il y aura des réparations à faire, foit au focle, foit à la claire-voie.

_____

(1) Ce courant, cette verhole n'eft plus à craindre depuis qu'on a fait la digue de barrage qui empêche la mer de monter dans la vallée d'Arques : mais cela ne détruit pas les autres raifons qui doivent faire préférer, pour cette Jetée, une tête pleine en maçonnerie.

En le fixant à cette hauteur, il fera 10 pieds plus bas que les pleines-mers de morte-eau, & 18 pieds plus bas que les pleines-mers de vive-eau ; ce qui offre un vuide fuffifant pour amortir la lame, laquelle, au moyen de toutes ces précautions, n'aura pas beaucoup de hauteur dans le chenal (2). Il ne faut pas d'ailleurs augmenter fans raifon la hauteur des claires-voies, qui feront d'autant plus folides, qu'elles feront *moins élevées.*

On a pratiqué deux murs en retour, de 10 toifes de longueur chacun, pour faciliter la conftruction du Plan incliné qui fe trouve à la tête de la Jetée, & pour donner de l'extenfion à la lame, qui, trouvant plus de largeur dans le fond, qu'à fon entrée, s'amortira plus que fi elle fe préfentoit fur une largeur égale au vuide qui doit la recevoir. Si, avant l'exécution, il étoit reconnu plus avantageux d'augmenter cette claire-voie, on voit qu'il feroit très-poffible de l'aggrandir fuivant la ligne AA, fans rien changer à la difpofition du projet. Les murs en retour, devant foutenir le galet, les fondations fuivront à-peu-près le profil : on dit *à-peu-près,* parce qu'ils font dans leur plan, fuivant la diagonale ; ce qui ne change point les hauteurs, mais feulement les longueurs.

---

(2) On fait par expérience, que la grande agitation de la mer n'exifte plus au-delà de 8 à 10 pieds au-deffous de fon niveau, & même que la plus grande force de la lame, eft environ aux deux tiers de fon éléva-tion ; ainfi, pour le plus grand effet, il fuffit que la hauteur des claires-voies laiffe à la lame, dix pieds de hauteur.

C 2.

Il convient, peut-être, de rappeller ici, que la tour-
mente qui exifte à la tête des Jetées en maçonnerie, a fon
objet d'utilité. La violente réaction du mur contre la lame,
en affouillant les têtes des Jetées, ne fouffre pas que le
galet s'y accumule ; & il feroit très-avantageux de connoître jufqu'à quel point il importe de conferver une certaine intenfité à la lame.

On eft perfuadé qu'il en reftera fuffifamment, en fe con-
formant dans l'exécution, à ce que l'on a dit dans ce mémoire ; mais, comme cela ne fuffit pas pour raffurer dans
un projet de cette importance, on répondra que, fi la
lame avoit trop peu d'action à la tête de la Jetée de l'Oueft,
& fi le galet s'y accumuloit trop facilement, il feroit
toujours aifé de fe procurer toute l'action néceffaire, en
bordant partie de la claire-voie placée à la tête de l'Oueft,
à partir d'en bas, & montant fuivant le befoin. Au
moyen des bordages, on tiendra plein, tout ce qui devra
l'être, pour le plus grand avantage de la chofe.

Quand les claires-voies auront befoin d'être renouvel-
lées, comme le focle fera élevé de 4 pieds au-deffus des
baffes-mers de morte-eau, il fera toujours facile de le
relever davantage, fi on le juge néceffaire; & l'expérience
qu'on aura faite pendant un grand nombre d'années,
donnera, d'une manière fûre, la hauteur à laquelle on doit
le tenir.

Le Plan incliné qui fera derrière les claires-voies, aura
du côté de l'Oueft, 48 toifes de largeur, & 60 du côté
de l'Eft. La pente commencera avec la partie fupérieure du focle, & ira fe terminer à quelques pieds au-

deſſus des plus grandes mers. C'eſt en s'étendant ſur ce talut,
que la lame s'amortira, comme elle fait ſur la plage, ſur
laquelle elle décrit une courbe plus ou moins alongée,
ſuivant la denſité des matières qui la compoſent ; très-
courte avec le gros galet, plus étendue avec le petit ;
très-longue avec le ſable, & immenſe avec la vaſe, comme on le remarque dans les différents Ports, ou ſur les
différentes Côtes, ſuivant la nature de leur plage. Cette
pente n'eſt point une ligne droite : elle forme une courbe
plus ou moins alongée, qui paroît être une cycloïde. Celle
qui eſt formée avec le galet de moyenne groſſeur, a
communément 40 toiſes environ de développées, ſur 40
pieds de hauteur : ainſi, en traçant la courbe des glacis
ſur 48 toiſes de longueur pour un côté, & 60 toiſes pour
l'autre, on aura une pente très-douce ; d'autant que le
glacis n'aura que 28 pieds de hauteur, puiſqu'il partira du
deſſus du ſocle, qui ſera élevé de 12 pieds au-deſſus des
baſſes-mers de vive-eau.

On juge aiſément d'après cela, qu'il ſera facile d'entretenir ce glacis, ſans tunages : il ſuffira de le recouvrir
avec du petit galet, moins gros que celui qui forme la
plage ; mais cependant ayant une maſſe ſuffiſante pour
être en équilibre ſur chacun des points qui formeront la
courbe tracée. Ces deux taluts enſemble font 108 toiſes de
largeur ; ce qui, avec celle du chenal, donne 128 toiſes.

D'après ce qu'on a dit, on doit conſidérer cette partie
comme un Avant-Port : la lame qui ne peut ſe préſenter que
ſur 40 toiſes de largeur au plus, s'étendra ſur 128 toiſes ;
ce qui doit beaucoup la calmer.

Quoique les claires-voies ne foient pas de même longueur de l'un & de l'autre côté du chenal, les vuides qui
font derrière, font à-peu-près de la même fuperficie. On
pourroit, fans doute, les faire encore plus confidérables ;
mais il y a un *maximum* à tout ; & fi l'on donnoit ici une plus
grande extenfion, les glacis auroient une pente trop douce,
& détruiroient plus lentement l'ifochronifme des lames, qui
en conferveroient un peu plus de hauteur dans le chenal.

DE L'EMPLACEMENT DES TÊTES DE JETÉES
à la mer.

Tout ce qu'on a dit jufqu'à-préfent de la nouvelle Paffe,
ne détermine pas le point où les têtes de Jetées doivent
être portées à la mer. On fent combien cet objet eft important : on va le difcuter avec la plus grande attention.

Le public croit affez généralement, qu'il eft avantageux
de porter les Jetées beaucoup à la mer ; ce n'eft certainement pas l'opinion de ceux qui ont fait une étude particulière de cet objet.

Ceux qui penfent qu'il faut mettre les Jetées beaucoup à
la mer, croient que, par ce moyen, il y auroit plus d'eau
à la tête de ces Jetées ; ce qui donneroit en effet une grande
facilité pour l'entrée & pour la fortie des navires. Mais le
vrai eft qu'il y aura toujours la même quantité d'eau à la
tête des Jetées, foit qu'elles foient fondées à la laiffe des
baffes-mers, foit qu'on les porte 60 ou 80 toifes plus avant ;
puifqu'il s'accumulera toujours du galet derrière la Jetée
de l'Oueft, jufqu'à ce que le pied en foit de niveau avec

celui de la tête de cette Jetée : car, comme il en paffe tous les ans 3000 toifes cubes environ, de l'Oueft à l'Eft, il doit finir par la dépaffer. Il réfulte delà que fi l'on portoit 60 ou 80 toifes plus en avant la Jetée de l'Oueft, il y auroit 60 ou 80 toifes d'atterriffement de plus à l'Oueft du chenal.

L'avantage momentané qu'on fe procureroit, n'auroit donc pour durée, que le temps qui feroit employé par le galet à gagner la tête de la Jetée : avantage même purement illufoire ; car le temps qu'on mettra à la conftruire, fera plus que fuffifant pour que le galet gagne la tête de cette Jetée.

Mais il exifte ici une grande raifon, qui doit empê- cher de porter les têtes des Jetées inconfidérément à la mer : c'eft que les falaifes du Pollet & du Château abritent l'ouverture de la vallée, & qu'on perdroit ce grand avan- tage, fi l'on fe portoit beaucoup au large.

On peut auffi remarquer que quand les Jetées font fort avancées en mer, les vents s'y font beaucoup fentir ; que les lames y font dures, & les courants très-confidérables ; ce qui rend toujours l'entrée du Port difficile & périlleufe. On peut ajouter enfin, comme une raifon fecondaire, qu'une plus grande longueur de Jetée augmenteroit beau- coup la dépenfe, non-feulement fans néceffité, mais même contre le bien de la chofe.

S'il eft intéreffant de ne pas fe porter trop au large, il y auroit fans doute du danger à fe tenir fort en arrière ; attendu qu'il faut une certaine longueur de claire-voie avec glacis derrière, pour amortir la lame, & donner le temps aux navires qui entrent d'un vent-arrière forcé, de diminuer leur erre avant d'entrer dans le Port.

On propofera donc de ne reculer ni d'avancer la Jetée de l'Oueft, mais de la placer à la laiffe de baffe-mer, puifqu'on a prouvé qu'on auroit autant d'eau que fi l'on s'avançoit de 80 toifes de plus. Ainfi, il ne refte qu'à fixer cette ligne de baffe-mer.

Dans ce moment, elle fe trouve à 130 toifes du centre de la tour T : mais on fait qu'elle étoit autrefois beaucoup plus près de la Ville; on fait même que la mer battoit le pied de cette tour. Alors la laiffe de baffe-mer n'en étoit éloignée que de 40 toifes environ.

C'eft au prolongement de la Jetée actuelle de l'Oueft, qu'on doit l'atterriffement de galet qui exifte dans cette partie: tout le monde eft d'accord fur ce fait; & fi on la détruifoit, ou feulement qu'on la laifsât détruire par la mer, les chofes reviendroient dans leur premier état.

Comme on n'entretiendra pas à grands frais la Jetée actuelle, quand le chenal ne fervira plus à rien, il s'enfuit néceffairement que la laiffe de baffe-mer fe rapprochera de la Ville, & viendra s'appuyer fur les nouvelles Jetées.

Dans ce moment, la laiffe de baffe-mer forme une courbe qui s'appuie, d'un côté, fur la Jetée actuelle, & de l'autre côté, vis-à-vis l'épi du Fort-blanc, fur les rochers au pied du Château, La plus grande *corde* de cette courbe a 830 toifes de longueur, & la plus grande *ordonnée* 42 toifes. Maintenant, fi l'on fuppofe que la grande Jetée actuelle foit détruite, ainfi que l'épi du Fort-blanc, on aura pour la laiffe de baffe-mer, la courbe FFF qui s'appuiera fur la Jetée du

Pollet

Pollet & fur la falaife du Château : on pourroit donc placer fur cette ligne, la tête de la Jetée de l'Oueft, & l'on y auroit autant d'eau, que fi l'on fe portoit 80 toifes plus à la mer.

On remarquera qu'on a donné à cette nouvelle courbe, les mêmes *ordonnées* qui fe trouvent à la première, quoiqu'elles duffent être plus grandes ici, puifque cette courbe a une plus grande corde: mais, comme il y a quelques variantes dans ces *ordonnées*, on a préféré de fe tenir au-deffous, afin de pouvoir conclure *à fortiori*.

C'eft la même raifon qui fait fuppofer ici, que la Jetée du Pollet fera entretenue : car on fent que, fi elle ne l'étoit pas, la mer alors s'appuieroit fur la falaife du Pollet; ce qui reculeroit encore la laiffe de baffe-mer.

Cependant, comme il y auroit auffi des inconvénients à trop raccourcir le chenal, & à détruire entièrement les Jetées actuelles & le terre-plein qui les avoifine, on va fuppofer qu'il ne fera détruit que 50 toifes de la Jetée actuelle : & l'on ne peut pas fuppofer moins ; on eft bien fûr même qu'elle ne fera jamais entretenue jufqu'à ce point marqué H. Alors la laiffe de baffe-mer de vive-eau, donnera la courbe marquée GGG, & c'eft fur cette ligne qu'il convient de placer la tête de la Jetée de l'Oueft, dont le centre fera à 100 toifes du milieu de la tour T.

Par ce moyen, 1°, les Jetées feront plus abritées par les falaifes du Pollet & du Château, qu'elles ne le feroient, fi elles étoient plus au large ; ce qui donnera plus de calme à l'entrée du Port, tant par rapport aux vents, que par rapport aux courants: 2°, on fe rapprochera un peu des

D

Ecluſes, qui en auront plus de force pour chaſſer le galet ; 3°, enfin, on économiſera ſur la dépenſe, & l'on jouira plus tôt.

Ces avantages ſont conſidérables, & ne ſont achetés par aucun ſacrifice; car on ne peut pas faire entrer en ligne de compte, quelques toiſes quarrées de terrain couvert de galet que la mer a apporté, & qu'elle reprendra.

On voit qu'il y a 100 toiſes de longueur de chenal en claires-voies pour un côté, & 60 toiſes pour l'autre : ce qui eſt ſuffiſant pour donner du calme ; & que, pour les navires qui entrent d'un grand vent-arrière, il y a 270 toiſes à courir avant d'être au fond du Port : ce qui eſt également ſuffiſant pour ralentir leur marche; d'autant que les lames étant amorties par le vuide des claires-voies, & ne pouvant courir le long des murs du chenal, on ſent que les navires ne conſerveront pas auſſi long-temps leur vîteſſe, qu'ils le feroient s'il n'y avoit que des murs pleins.

S'il reſtoit quelqu'inquiétude à cet égard, on croit les diſſiper entièrement, en rappellant ici que les autres Ports de la Normandie, ſitués à-peu-près comme celui de Dieppe, offrent tous à-peu-près la même fuite aux navires. Au Tréport, il y a 290 toiſes de la tête des Jetées juſqu'au fond du Port; à Saint-Valery, 288 toiſes; à Fécamp, 240 toiſes. Il ſe trouvera à Dieppe 270 toiſes : ce qui doit parfaitement raſſurer; & d'autant plus que les trois premiers Ports n'offrent pas à la lame, le vuide conſidérable qui ſe trouvera derrière le chenal. D'ailleurs, l'Avant-Port de Dieppe, étant très-ſpacieux, les navires peuvent, en y entrant, tourner à droite ou à gauche, d'un ſeul coup de gouvernail :

ce qui alongeroit encore beaucoup leur fuite, comme il eft aifé de le voir par le Plan.

On ne conçoit pas qu'il foit poffible d'avoir des inquié-tudes fur la fuite de cette pofition ; car la mer, comme on le fait , mine les falaifes de droite & de gauche : elle empiète conftamment fur le continent dans ces parages ; ce n'eft qu'en lui réfiftant, qu'on a confervé la plage qui fe trouve entre la Ville & la mer: par conféquent, *on fera toujours le maître de la laiffer approcher, autant qu'on vou-dra*, du pied des Jetées. Il fuffiroit même de la laiffer faire : elle détruiroit la Jetée actuelle ; & la courbe qui figure la laiffe de baffe-mer , s'appuyant alors fur la falaife du Pollet & fur celle du Château, elle s'approcheroit à 40 toifes de la tour T, puifqu'elle y étoit autrefois. On fent même que fi on n'apportoit aucun obftacle à la mer, en peu d'années elle détruiroit toute la partie de la Ville qui eft le long du rivage : mais, comme on place la tête de la Jetée de l'Oueft à 100 toifes de la tour T, quelque chofe qu'il arrive, la mer s'appuiera fur cette tête de Jetée, & la ligne de baffe-mer décrira néceffairement une courbe qui paffera par le pied de la Jetée, & qui s'appuiera d'un côté, fur la falaife du Château, &, de l'autre, fur celle du Pollet.

On a prouvé que la laiffe de baffe-mer s'établiroit tou-jours à la tête des Jetées, quelqu'avancées qu'elles foient à la mer : on a prouvé auffi qu'on peut faire venir la laiffe de baffe-mer, à 40 toifes de la tour T, puifqu'elle y étoit autrefois, & qu'on l'en a chaffée. Il s'enfuit donc qu'on aura autant d'eau à la tête des Jetées, foit qu'on les place à 40 toifes de la tour T, foit qu'on les porte 200 toifes

D 2

plus à la mer. La feul confidération eft donc de faire un chenal affez long pour procurer du calme au moyen des plans inclinés , & pour laiffer aux navires une fuite fuffi- fante. Or cet objet eft rempli, comme nous l'avons dit , en plaçant les têtes des Jetées à 100 toifes de la tour T ; & fi l'on fe portoit plus à la mer , ce feroit non-feulement une dépenfe inutile , mais encore nuifible à la chofe , puif- qu'on auroit moins de calme , & qu'on s'éloigneroit de l'action des Eclufes.

DU GENRE DE CONSTRUCTION
qu'il convient d'adopter.

S'il convient en général de donner une très-grande foli- dité aux ouvrages expofés à la mer, quelle attention ne doit-on pas apporter dans la conftruction des Jetées ? Elles font , pour ainfi dire , toujours au large: elles luttent con- tinuellement contre des lames , dont la hauteur ni la vîteffe n'ont encore reçu aucune altération , aucune dimi- nution. Les Jetées étant ce qu'il y a de plus expofé dans un Port de mer , il convient d'employer tous les moyens poffibles pour les rendre folides.

La maçonnerie qui formera parement à la mer , fera de pierre de Ranville de la meilleure qualité , fur 33 pouces d'appareil: mais , comme cette pierre ne réfifte pas long-temps au frottement du galet , il convient de re- vêtir en pierre plus dure , tout ce qui fera expofé à fon action ; c'eft-à-dire , le focle des deux têtes des Jetées , celui des deux murs en retour , & 60 toifes du focle de la

Jetée de l'Oueft, à partir de la tête , allant dans l'intérieur du chenal: cela eft d'autant plus néceffaire, que cette partie fera en même-temps le dépôt du galet, & le point le plus expofé à l'effet des Eclufes de chaffe. La pierre qu'on pro-pofe d'employer , eft celle provenant des carrières de Marquife, près de Boulogne. Ces carrières, qui font de marbre, font très-abondantes, & produifent un bel appareil.

Cet appareil fera de 30 pouces , & plus , s'il eft poffible. Il eût été , fans doute, à defirer de revêtir en marbre , tout le focle des Jetées; mais comme cette pierre coûte plus que celle de Ranville , on a cru devoir fe reftreindre à ce qui eft indifpenfable. Au furplus , il eft aifé de voir que cet objet , infiniment important par lui-même, ne l'eft pas par la dépenfe , puifqu'il n'eft queftion que de fubfti-tuer 380 toifes quarrées de parement en pierre de Mar-quife , à la même quantité en pierre de Ranville.

Les claires-voies feront affemblées & difpofées, comme on le voit par les plans & profils ci-joints : elles porteront un tillac de 9 pieds de largeur.

Les piles qui joignent & qui les entretiennent , feront faites entièrement en pierre de taille : objet très-médiocre pour la dépenfe , puifqu'elles n'ont que 24 pieds de largeur, fur 18 d'épaiffeur, & qu'étant ifolées, elles exigent parement fur les quatre faces: ainfi, l'on fent que le milieu à remplir, en moëllon, ou en pierre de taille, ne peut pas faire une grande différence dans la dépenfe.

Il refte à parler du recouvrement des focles , fur lequel poferont les claires-voies. On fent qu'il ne fuffiroit pas d'un pavage en dalles : il faut que ce recouvrement foit très-folide, pour réfister à l'action de la mer, & pour contenir le pied des claires-voies. On penfe donc qu'il faut donner aux pierres de taille qui formeront ce couronne-ment, une très-longue queue; & l'on ne croit pas qu'elles puiffent avoir moins de deux pieds & demi, pour garnir, s'il eft poffible, toute la hauteur des deux dernières affifes.

DES MOYENS DE CONSTRUCTION
qu'il convient d'employer.

Le feul objet important qui refte à traiter dans ce mo-ment, c'eft le moyen qu'on doit employer pour fe garantir de la mer, lors de la fondation des deux têtes de Jetée.

Il s'en préfente deux: celui de conftruire une digue de garantie, comme on le voit marqué LL; ou de former à l'Eft des deux Jetées, un épi, qui, en arrêtant legalet venant de l'Oueft, occafionneroit un atterriffement dans l'emplacement des têtes de Jetées.

Ces deux moyens réuffiroient également. Cependant, on croit devoir donner la préférence à la digue de ga-rantie: 1°, fon développement n'a pas plus de longueur que l'épi; 2°, il n'eft pas néceffaire de porter autant à la mer la tête de cette digue, qu'il faudroit y porter celle de l'épi. En effet, l'atterriffement qu'il occafionneroit, fe deffinant en courbe, & la laiffe de haute-mer étant à 40 toifes de la tête des Jetées ou des épis, il faudroit que celui-ci dépafsât, de 40 toifes, la crête fupérieure de l'at-terriffement qu'il occafionneroit. Enfin on feroit forcé d'attendre cet atterriffement, du temps & des circonftances.

Il faudroit enfuite faire des déblaiements confidérables ;
au-lieu que la digue de garantie une fois faite , on travail-
lera de fuite à fonder les têtes des Jetées.

F I N.

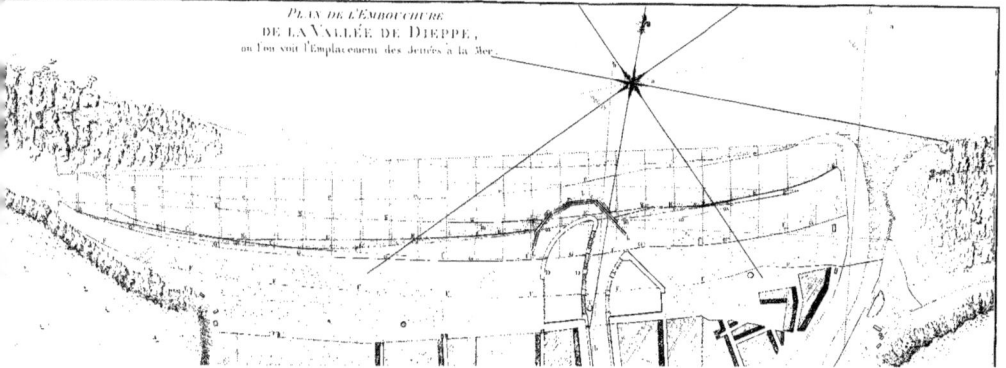

PLAN DE L'EMBOUCHURE
DE LA VALLÉE DE DIEPPE,
ou l'on voit l'Emplacement des Jettées à la Mer.

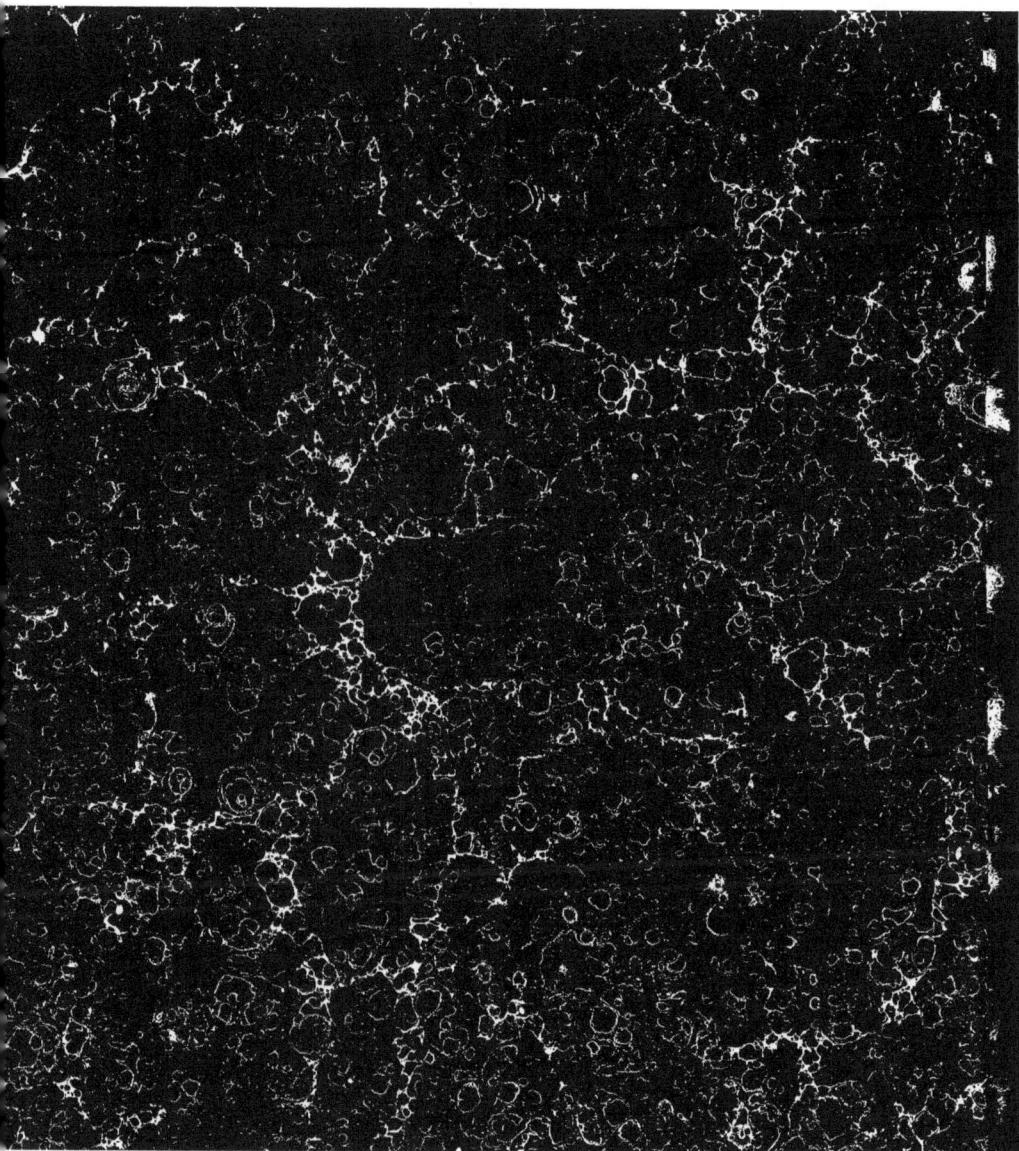

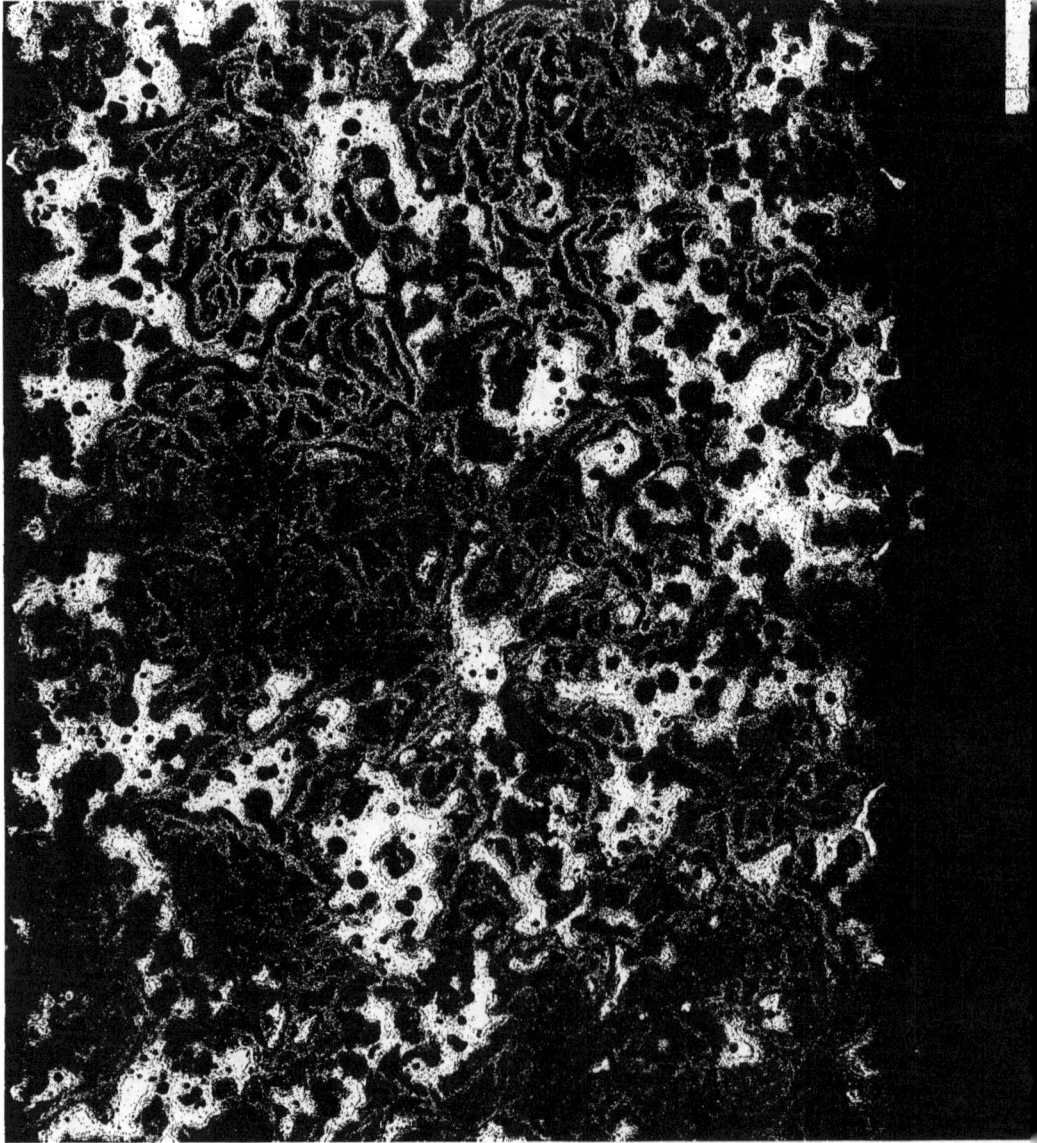

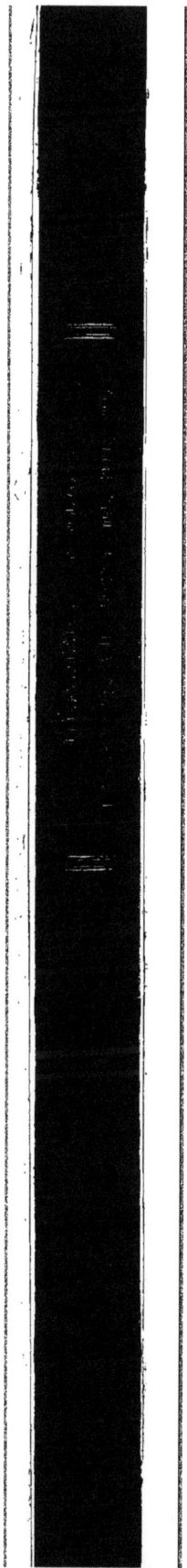